3

Geoffroy de Lagasnerie

3
Un elogio de la amistad

Traducción de Juan Rabasseda Gascón
y Teófilo Martínez

taurus

Papel certificado por el Forest Stewardship Council®

Penguin
Random House
Grupo Editorial

Título original: *3. Une aspiration au dehors*

Primera edición: enero de 2025

Printed in Spain – Impreso en España

ISBN: 978-84-306-2718-9
Depósito legal: B-19.170-2024

Compuesto en Arca Edinet, S. L.
Impreso en Unigraf
Móstoles (Madrid)

TA 27189

ÍNDICE

INTRODUCCIÓN

Es indudable que en realidad no escogemos lo que somos ni la existencia que llevamos. A grandes rasgos, nuestra biografía se resume por la ocupación sucesiva de posiciones predeterminadas en el orden del tiempo y del espacio: se nos imponen marcos, los papeles se apoderan de nuestro cuerpo y de nuestro cerebro, los encuentros que nos marcan y que determinan aquellos y aquellas con quienes vivimos nuestra vida moldean nuestro destino. De manera monótona, la existencia humana obedece a ritmos y ciclos delimitados por ritos de paso y de institución que jalonan sus momentos principales —estudios, juventud, vida conyugal, parentalidad, actividad profesional, jubilación, vejez...—, a los que se asocian estilos de vida, maneras de ser y de vestir, lugares de residencia, afectos, ocupaciones y hábitos. La mayor parte del tiempo adoptamos identidades sociales propias de un estatus u otro con una facilidad pasmosa, y pasamos de una a otra con naturalidad, como si se tratara de algo dado o de una necesidad, y cambiamos la forma en que nos relacionamos con el mundo, el tono de voz, la manera de vestir o de cuidar el propio cuerpo, y todo súbitamente. Pierre Bourdieu ha llegado a afirmar que, en el fondo, para el sociólogo que reconstruye la deter-

minación social de la existencia de las personas, la idea
de que cada una de ellas viva una biografía es una ilu-
sión. El «yo» que soy no es más que la forma en que se
relacionan las posiciones situadas en los distintos espacios del mundo social en los diferentes momentos del
ciclo vital. Y los comportamientos que considero míos
a menudo no son más que el efecto de la posición que
ocupo en un momento dado en esos espacios y en ese
ciclo. Según mi disposición biológica, vendrán otros a
ejecutar las mismas acciones y a sentir los mismos afectos que yo, e igual que yo los considerarán, de manera
ilusoria, la «identidad singular que les es propia».

LA POLÍTICA DE LA EXISTENCIA

¡Cuántas personas abrazan a los treinta años una vida
que a los veinte se habían prometido que no iban a llevar nunca! Se casan, tienen hijos, se instalan en una casa
unifamiliar… A menudo no somos conscientes de las
bifurcaciones que habríamos podido tomar, de las ocasiones que tal vez habríamos querido aprovechar, de las
aspiraciones que ni siquiera hemos llegado a contemplar y que nos habría gustado tener derecho a valorar,
y lo hacemos cuando ya es demasiado tarde, cuando
volvemos sobre nuestros pasos y recordamos nuestras
experiencias y nuestra vida y nos decimos: «Pero ¿por
qué?», o «si solo hubiera…» o «¿y si…?».

Pero, a diferencia de las abjuraciones a las que podría conducir esa sensación —que sin duda mucha
gente experimenta y según la cual la existencia obedece a unas necesidades que se imponen o se impondrán

siempre, que se nos escapan porque vienen dictadas por deseos naturales y biológicos (la edad, el nacimiento de los hijos...) o por fuerzas sociales sobre las que no tenemos control—, debemos afirmar la posibilidad y la necesidad de crear los modos de existencia como objeto de una reflexión consciente. Si bien no elegimos necesariamente toda nuestra vida, en determinados momentos cada uno elige, pese a todo, unas orientaciones que hacen que algunas relaciones sean posibles y que otras sean imposibles. ¿A qué consagro mi energía? ¿Cómo construyo mi subjetividad y mi imaginario? ¿Cómo voy a orientarme respecto a las aspiraciones dominantes? Toda biografía viene marcada por momentos clave, por arbitrajes, por instantes en los que decidimos fomentar unas relaciones y no otras, encontrar tiempo para un amigo y no para otro, tener hijos o no tenerlos, abrazar la vida conyugal, aceptar un trabajo u otro, mudarnos a un sitio o a otro...

Pero, sobre todo, las distintas maneras posibles de orientarnos en la vida a las que hacemos frente los individuos, en ocasiones sin tener una conciencia clara de ellas, a veces viéndonos atraídos por una opción y otras por la contraria, deben conceptualizarse también como si fueran el resultado de las configuraciones culturales y sociales dentro de las que se definen. Hay ordenamientos, aspiraciones, afectos que cuentan con fuertes apoyos o que son hechos posibles según la coyuntura o según las imágenes que circulan en el ámbito público. Las luchas políticas, las imágenes culturales producen deseos de subjetivación distintos en cada momento. Contribuyen a elaborar el clima o el humor reinante en una determinada época en un ambiente u otro, en un grupo o en otro, y hacen que esta opción de vida o esta otra sea posible o, por el contrario, inconcebible, o sencillamente inexistente.

La sociología habla de «desposesión económica» y de «desposesión cultural» para designar la forma en la que la sociedad limita las capacidades de acceso a determinados recursos y a las experiencias que los hacen posibles. ¿No cabría sugerir que hay también, junto a esos dos fenómenos, lo que podría definirse como mecanismos de desposesión existencial? Soportar la forma de vida que se adueña de nosotros y nos hace ser lo que somos es padecer la propia vida y soportar determinados modos de existencia cuando otros habrían podido convenirnos mucho más y hacernos más felices. En cierto sentido, es incluso dejar que la sociedad y los demás te roben la existencia, y puede que dejar que tú mismo, una determinada versión de ti mismo, te la robes.

Como dice Adorno, no debemos confundir nunca lo que somos y lo que la sociedad ha hecho de nosotros. No somos para toda la eternidad aquello en lo que nos han obligado a convertirnos. Así pues, no hay estudio que tenga por objeto establecer una analítica oposicional del orden social y de nuestra inclusión dentro de este capaz de prescindir de una investigación de la existencia, de un examen acerca de las distintas formas de vida y sobre el tejido relacional del que estamos hechos.

UNA AMISTAD COMO MODO DE VIDA

La mayoría de los libros que he publicado pretenden abordar el tema de los sistemas de poder que se nos imponen y que limitan los distintos aspectos de nuestra existencia partiendo del análisis de recorridos o de vidas atípicas que se han definido contra ellos o se han situado al margen de su control. En mi obra *Logique de la création*, utilizo las trayectorias intelectuales de Foucault, Bourdieu, Deleuze y Derrida como punto de apoyo de una crítica del sistema académico y de lo que este hace a la lógica del pensamiento; en *L'Art de la révolte*[1] me intereso por los gestos de Snowden, Assange y Manning para cuestionar la forma en la que nuestros regímenes jurídicos instituyen formas restrictivas de pensar la política y los métodos de contestación.

Me gustaría aquí llevar a cabo un examen acerca de las formas de la vida —sobre lo que somos y lo que podríamos ser, sobre la brecha entre aquello en lo que nos convertimos y las múltiples versiones de nosotros mismos que habríamos podido desarrollar— apoyándome también en la selección y la descripción de una singularidad. Pero esa singularidad presenta la cualidad específica de que la vivo y de hallarse anclada en mi biografía: se trata de la relación de amistad que nos une a Didier Eribon, a Édouard Louis y a mí mismo.

Didier, Édouard y yo vivimos una relación que dura ya más de diez años. No hay una fecha concreta para el comienzo nuestra historia. Cada 12 de febrero festejamos el aniversario del encuentro entre Didier y Édouard. Y cada 12 de abril festejamos el aniversario del encuentro entre Didier y yo, y el nacimiento de nuestra relación amorosa. Pero no asociamos el inicio de nuestra vida a tres con un momento concreto, sin duda porque nuestras sociedades no han instituido para las relaciones de amistad unos ritos comparables a los que existen para las relaciones amorosas y que se imponen como momento memorable para todo el mundo (el primer beso, la primera relación sexual...).

Situamos el comienzo de la amistad que nos une en septiembre de 2011. Por esa época algo cambió bruscamente en nuestras vidas, cuando se dibujó en nuestra existencia una profunda ruptura: empezamos a viajar juntos, a cenar juntos casi por sistema, a crear y a reflexionar en común, a intervenir a tres en el espacio público, a festejar juntos nuestros cumpleaños —y los momentos, como la Navidad, tradicionalmente asociados a la familia—, a compartir casi la totalidad de nuestra experiencia de vida... Esta relación ocupa el centro de nuestra existencia. Es, como decía hace poco un allegado, una larga conversación que nunca se interrumpe. Pero representa también, quizá y sobre todo, un marco de vida cotidiana, de emociones y de experiencias compartidas, con sus ritos, sus lugares, sus momentos, su temporalidad, un lugar de encuentros y de contactos con otras personas y con otros mundos, un espacio relacional dentro del que la amistad se ha convertido en un modo de vida, es decir, en una cultura y al mismo tiempo en un modo de producción de la subjetividad.

LA PALABRA «AMIGO»

Si multiplico los elementos necesarios para, desde el primer momento, hacer un resumen de la naturaleza real de nuestra relación es porque el término que acabo de utilizar y que debería permitir describirla, amistad, no es suficiente. Nuestro idioma es pobre a la hora de designar la multiplicidad y la diversidad de relaciones que mantenemos a lo largo de nuestra vida. Existen decenas de palabras para calificar los lazos y los ritos instituidos: padres, colegas, vecinos, cónyuges, marido, mujer... Pero para todo lo que se escape de esas formas codificadas y organizadas del encuentro y la sociabilidad, y que pueda tener que ver con dispositivos afectivos tan diferentes, solo hay disponible una palabra, «amigo».

La palabra «amistad» no remite en nuestras sociedades a una realidad tangible. Funciona más bien como un significante vacío, de lo que queda, que denomina todo aquello que no está definido institucionalmente y, por lo tanto, designa los ordenamientos más diversos, algo a lo que los individuos, los grupos, las clases sociales y las clases de edad pueden dar sentidos muy diferentes o incluso opuestos. Además, quizá sea ya significativo el hecho de que la lengua se muestre tan poco interesada en conceder un estatus (y, por consiguiente, un reconocimiento) a las múltiples formas relacionales no institucionalizadas que cohabitan el mundo social; que las trate como un accesorio carente de importancia que, para ser designado, no merece más que una palabra-cajón de sastre. Hay palabras distintas para nombrar al hijo del hermano de mi madre o al hijo del primo hermano de mi padre, pero no hay dos palabras distintas que designen a alguien como Édouard, con el que hablo todos los días y con el que ceno una vez al mes.

La inadecuación manifiesta entre la unicidad de una palabra y la diversidad de las situaciones que se supone que cubre explica el plan adoptado por casi todos los

tratados clásicos y modernos sobre la amistad: cada vez
—y con cierta dosis de monotonía— los distintos autores deciden hacer lo que la lengua no hace y se dedican a
buscar criterios para plantear diferencias entre las distintas formas de amistad, para separarlas unas de otras según su orientación o sus fundamentos... Las amistades
tendrían naturalezas distintas y algunas de sus características permitirían clasificarlas: se podría hablar de amistad virtuosa, la amistad ética, la amistad instrumental...

De hecho, me parece imposible abordar el problema
de la amistad sin recurrir a un planteamiento clasificato-
rio. Pero la forma en la que tradicionalmente se ha ela-
borado dicho planteamiento soslaya, a mi entender, lo
esencial: es nominalista, acepta la categoría como si fuera
un dato, trata la amistad como una categoría aislada, una
suerte de género dentro del cual cabría distinguir varias
especies. Ratifica la existencia de un arsenal completo de
relaciones que, todas, se llaman «amistad» y se contentan
con crear demarcaciones dentro de dicha entidad.

Pues bien, si queremos comprender la diversidad de
los ordenamientos relacionales posibles en nuestra existencia, no resulta pertinente intentar establecer líneas
divisorias entre unas relaciones clasificadas lingüística-
mente como «amistosas» y aisladas de las demás. Es
preciso restablecer las diferentes formas en las que esas
relaciones llamadas amistosas se articulan con los demás marcos de la vida y de la relacionalidad dentro
de los cuales evolucionamos, y separar las funciones
existenciales que cada una desempeña en ellos.

Entre el conjunto de lazos amistosos que podemos
entablar a lo largo de nuestra existencia, la mayor parte
podrían calificarse de funcionales: se integran en el

juego establecido de las identidades y de los papeles. No solo se establecen y se desenvuelven siguiendo las leyes sociales que determinan los encuentros que podemos mantener y las maneras de llevarlos a cabo, sino que además se desarrollan de manera complementaria con el resto de los marcos tradicionales de la existencia: las formas familiares y conyugales, pero también las profesionales y generacionales. Forman parte de la organización normal del ciclo de la vida tal como la sociedad la ha configurado para nosotros.

Como la inmensa mayoría de los lazos informales tienen que ver con esta categoría, Graham Allan dice en uno de los libros fundacionales de la sociología de la amistad que una de las particularidades de la amistad en nuestras sociedades es que se trata de una forma relacional ajena a la «justificación»: los motivos por los que somos amigos se nos escapan y, sobre todo, el acceso a esos motivos no es necesario para que la relación se desarrolle.[2] Si se le pregunta a alguien: «¿Por qué es usted amigo de esta persona?», las respuestas serán a menudo vagas y estereotipadas. Apoyada en su desarrollo mayoritario por el orden social, esta práctica no necesita ninguna explicación: ahí está, es algo dado, se nos impone y, por consiguiente, no tiene que cultivarse, desearse, sino que se construye casi conscientemente por sí misma. Puede prescindir de toda justificación subjetiva, pues encuentra su justificación en la objetividad de las estructuras sociales cuyas necesidades pone en funcionamiento. En cierto modo, cabría incluso decir que esas amistades redundantes no tienen existencia propia. Son la forma en la que el mundo social vive por segunda vez a través de nosotros y se reproduce por medio de las prácticas siempre un poco tediosas de la racionalidad que mantenemos con los demás y que llamamos «sociabilidad».

Pero algunos ordenamientos relacionales escapan a esta lógica. Existen amistades que podríamos llamar «creadoras», que comportan algo así como una idea distinta de la relacionalidad y de la vida. Sean duraderas o no, viables o no, no se hallan sometidas al resto de los marcos establecidos, sino que contienen en sí mismas una especie de poder de reconfiguración de nuestra manera de estilizar la existencia. Forman el lugar de una ascesis, el hogar de invención de una contracultura del que se sacan unos principios de diferenciación con respecto a la mayor parte de los modos de existencia institucionalizados, para vivir de otra manera.

La reconstrucción de la relación que mantenemos Didier, Édouard y yo, que nos inventamos tanto como ella nos inventa a nosotros, debería ser el punto de partida de una reflexión sobre las potencialidades abiertas por algunos ordenamientos singulares, tanto si esto tiene que ver con la vida en general, concretamente en su relación con el orden familiar, como, por supuesto, con la vida de autor y la ética intelectual. Para mí no se trata ahora de escribir un relato completo que reconstruya nuestra relación de un modo narrativo y extensivo. Tampoco se trata, evidentemente, erigir como modelo nuestra vida a tres ni de reivindicar la idea absurda, dada la pluralidad irreductible de las subjetividades que pueblan el mundo, de que representa la «vida buena». Se trata más bien de partir de algunas de sus características, de su funcionamiento, de lo que me parece que produce y que ha hecho posible, de lo que me gusta de ella y de lo que me ha aportado, para producir un análisis de los modos de existencia, de los marcos que predeterminan nuestra vida y que a menudo la limitan sin que nos demos cuenta. Se trata de proponer una especie de investigación de una forma o de un determinado ordenamiento que trate de descubrir, a través de nuestro ejemplo, cómo se opone a otras formas y a otros ordenamientos, y cómo se diferencia de ellos, y de examinar lo que dicha singularidad —la amistad como modo de vida— puede producir de liberador y creativo.

LA CRÍTICA DE LOS MODOS DE VIDA

Hacer de la forma de vida el ámbito de una reflexión filosófica, plantear la cuestión de los ordenamientos que construimos con los demás y de los modelos que podríamos adoptar para regular nuestras existencias constituye un espacio problemático en el que la teoría social nos introduce por lo pronto en algo que podría parecerse a una política de la felicidad: que cada cual plantee y se plantee la cuestión de los placeres, de los gozos, de los sufrimientos que saca de su vida y de sus relaciones con los demás, de lo que mutila su existencia o, por el contrario, la acrecienta. Así presentado, este conjunto de cuestiones podría también dar la impresión de caracterizarse por cierta superficialidad, como si solo se tratara de saber cómo ser «más» o «menos» feliz en el orden del mundo institucionalizado en función de las opciones de vida que escojamos.

Pues bien, la forma en la que los modos de vida se configuran y se adueñan de nosotros enlaza con el funcionamiento más general del orden social. El freudo-marxismo, tradición de pensamiento desgraciadamente marginada en la actualidad, contribuyó a ampliar el campo de la crítica social integrando en él la cuestión de la existencia. Desde *La revolución sexual* de Reich hasta *Eros y civilización* de Marcuse, se ha hecho mucho hincapié en la forma en la que la civilización configura los marcos de la vida y, de manera especular, en la necesidad de inventar unos «modos de vida no represivos». Las costumbres, las relaciones cotidianas, los marcos de la cohabitación —lo que Sartre llamaba el práctico-inerte— organizan lo real. Configuran de manera profunda nuestra mente y nuestra mentalidad, nuestras inclinaciones, nuestras actitudes. Nuestras formas de relacionalidad más corrientes, nuestros modos de practicar la existencia, conducen a la formación de disposiciones psíquicas que favorecen o no la reproducción del orden social. De suerte que, si queremos introducir un poco de perturbación dentro de la sociedad, debemos dedicar el «tejido relacional» y todo lo que reduce las aspiraciones subjetivas a experimentar los modos de vida más diversos como un campo de batalla.

El proyecto de elaborar una civilización libertaria no debe, pues, poner sus miras solo en la organización capitalista de la economía. Debe también deshacer la organización institucionalizada de los modos de existencia y los efectos de represión, de limitación y de sufrimiento que producen. En *La revolución sexual*, Reich considera que la invención de unas relaciones sociales cualitativamente distintas debe conducir en particular a una crítica del orden familiar y de las relaciones con la autoridad ínsita en la forma familia. El marco familiar representa el espacio principal de incubación de la atmósfera ideológica del conservadurismo: existe una relación entre orden familiar y estabilidad de las lógicas represivas, de suerte que no podría existir proyecto político revolucionario que no pasara por una crítica de la familia y del orden familiar: así pues, el valor atribuido a la familia «puede servirnos como piedra de toque para el justiprecio de todo tipo de orden social».[3]

MANIFIESTO

¿Qué sentido podríamos dar hoy día a ese proyecto de inventar unas relaciones sociales cualitativamente distintas? ¿Qué implicaría vivir según otros valores y configurar otros tipos de subjetividades distintas de las que ya conocemos? Si queremos imaginar la forma de una sociedad más feliz y más abierta; en la que los individuos tuvieran interiorizadas unas disposiciones más libertarias, más reticentes; en la que se aburrieran menos y estuvieran menos solos o fueran menos infelices, ¿no deberíamos tomar por objeto las formas de vida que se nos imponen (o más bien, por otra parte, que nosotros mismos nos imponemos) y las disposiciones concretas que llevan a interiorizarlas a aquellos y aquellas que las adoptan?

En este momento en el que las existencias y las aspiraciones de las personas parecen estar terriblemente normalizadas, este libro desearía funcionar como una especie de manual de existencia, como un manual de vida antiinstitucional que intentara dar un sentido concreto a la aspiración utópica de una vida distinta.

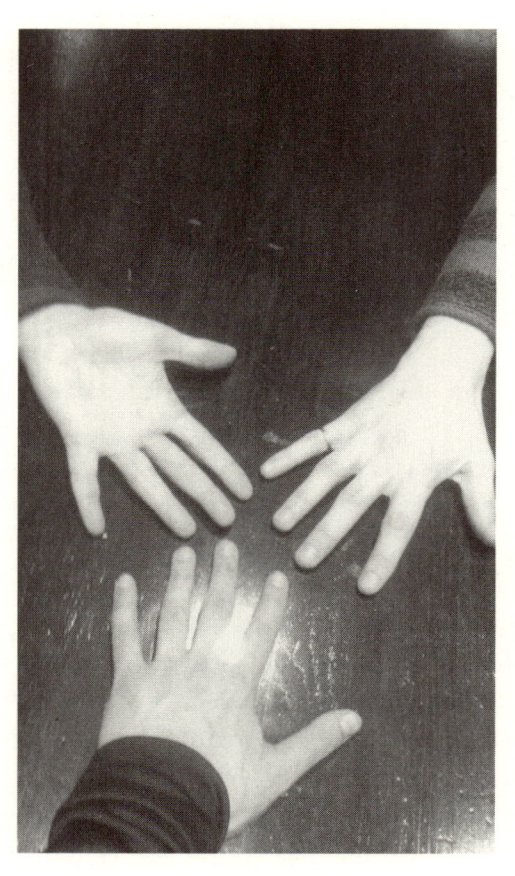

CAPÍTULO I

La vida a tres

1

No guardo ningún recuerdo de la primera vez que nos vimos los tres.

No recuerdo si nuestro primer encuentro consistió en hablar unos minutos en la calle o si, directamente, tomamos una copa juntos. Me acuerdo vagamente de algunas fechas y de algunos momentos: durante el curso 2010-2011, Didier trabajó como profesor en la universidad de Amiens. Me habló de uno de sus alumnos, que le parecía «especial», «especialmente original», «inteligente», «enternecedor». A menudo me decía al hablar de él: «Desde luego, no tiene nada de banal», «está claro que tiene algo».

Lo había conocido al salir de una conferencia que había dado tras la aparición de su libro *Regreso a Reims*[1] y le había impresionado su actitud, su deseo de cambiar. Volvieron a verse varias veces, primero tomando un café o en el autobús al volver del campus de la universidad en dirección al centro. Didier daba clases en el departamento de Sociología y Édouard, que estudiaba por entonces en el departamento de Historia, cambió de carrera para asistir a sus clases. Didier y Édouard se unieron por complicidad y empezaron a cenar juntos en Amiens cuando Didier tenía que pasar la noche en la ciudad. Pasaban largas horas conversando solos en una *brasserie* cerca de la estación; Édouard le contaba su infancia a Didier, que, lleno de curiosidad y deseoso de conocerlo mejor, le planteaba numerosas preguntas. Creo que no me equivoco si digo que Édouard encontró en aquellas charlas una primera ocasión para hablar de la homofobia que de forma tan violenta había marcado la primera parte de su vida. Didier lo escuchaba, le prodigaba consejos y, sobre todo, iba iniciando a Édouard en la vida intelectual, le hablaba de los libros que estaban publicándose y lo animaba a leer.

Para Didier, la idea de cenar «con Eddy» hacía que la perspectiva de tener que pernoctar en Amiens resultara más agradable: de lo contrario, vivía aquella obligación como una pesadilla y pasaba las noches solo en su habitación del hotel mientras preparaba sus seminarios o iba al único cine de la ciudad que ponía películas de autor en una sala casi vacía.

Cuando Édouard pasaba por París, animado por Didier, tomaban una copa a última hora de la tarde, la mayor parte de las veces en el café Le Select, en Montparnasse. A veces me unía a ellos cuando iba a buscar a Didier, y en ocasiones me quedaba con ellos. Poco a poco, cuanto más tiempo pasaba Édouard en París, más íbamos viéndonos. Esos encuentros intermitentes se extendieron desde enero hasta el verano de 2011.

2

En 2011, a la vuelta de las vacaciones, Édouard se instaló en París. En aquel momento algo dio un vuelco. Al principio, aquella relación fue para Didier, para Édouard y para mí como cualquier otra, algo integrado en la vida que llevábamos Didier y yo, por un lado, y Édouard, por otro, en paralelo con otras amistades. Cenábamos juntos tres o cuatro veces al mes, quedábamos de vez en cuando para dar un paseo por el Jardín de Luxemburgo o para tomar una copa por la noche en el Marais. Pero la relación fue adquiriendo progresivamente otra forma. Se instauró no ya como una relación entre otras, sino como un marco de vida, como un espacio dentro del cual cada uno de nosotros evolucionó de pronto y empezó a definir los lazos que lo unían con el mundo. Se produjo una inversión de los lazos que unen la existencia individual y la relación social, y de este modo el ordenamiento que formamos cambió de sentido: nuestra amistad se convirtió en un principio de existencia que estructura nuestras relaciones con el espacio y con el tiempo, con las instituciones, con los demás... En cierto sentido, sería inexacto decir que este ordenamiento forma parte de nuestra vida, porque es la propia vida, lo que nos engloba, lo que nos produce y aquello a partir de lo que mantenemos o dejamos de mantener otros lazos.

Como todas las relaciones, el ordenamiento que nos constituye tanto como nosotros lo hemos constituido no puede describirse a través de una sucesión de anécdotas o de una colección de recuerdos restituidos a través de historias y de imágenes. Forma un marco, que confiere un significado a cada uno de los momentos concretos vividos. Su verdad se sitúa siempre como añadido respecto a lo que se puede contar, porque cada acción, incluso la más trivial —cenar, ir al cine, dar un paseo, tomar un café—, reviste un significado y un gusto particular desde el momento en que se vive conjuntamente. Una relación es un contexto, no una suma de interacciones.

La descripción de la vida a tres, de la manera en la que se ha adueñado de nosotros y en la que ha configurado nuestra existencia, debe, por lo tanto, adoptar la forma de una especie de búsqueda de la esencia. Comprender sociológicamente cómo nuestra relación ha hecho de la amistad un modo de vida requiere identificar los rasgos característicos de ese ordenamiento y la especificidad de su funcionamiento.

3

La característica principal de las relaciones de amistad que cada uno mantiene a lo largo de su existencia reside en el hecho de se inscriben en una lógica de complementariedad con la organización tradicional de la vida. Son incluso, en cierto sentido, dependientes de esa organización, a la vez en su contenido (con quién nos vemos obligados a tratar), su temporalidad (con qué frecuencia) y su desarrollo (en qué lugar). Son funcionales, están integradas, cohabitan con las demás formas de sociabilidad y con las identidades familiares y profesionales, y participan de su funcionamiento: ver a amigos en pareja o salir a veces cada uno con sus amigos —con mucha frecuencia de su mismo sexo—, frecuentar a compañeros de trabajo, tomar de vez en cuando una copa con los vecinos o con otro padre de la guardería, etcétera.

Lo que, por el contrario, se nos ha impuesto es que nuestra relación debía ser una forma integral, un eje que iba a configurar el conjunto de nuestras existencias. No iba a depender de otros aspectos de nuestra vida, sino que, por el contrario, iba a convertirse en su variable central y, por consiguiente, en algo así como el punto de anclaje de la invención de una cultura autónoma.

Nuestra amistad podría, en primer lugar, ser el nombre de un intento de crear una forma relacional continua y sin tiempos muertos. Habitualmente los amigos se dan noticias unos sobre otros de vez en cuando, se ven con regularidad, pero viven por separado entre un encuentro y otro; o sea, se olvidan: nosotros nos escribimos todo el tiempo —a veces incluso hasta diez mensajes por hora—, nos vemos todo el tiempo: vivimos juntos aun habitando espacios distintos. Creo que no ha habido ni un solo día desde que nos conocemos en que no nos hayamos dado las buenas noches al acostarnos y los buenos días al despertarnos. Escribirnos es lo último que hacemos por la noche y lo primero que hacemos cuando nos levantamos. Celebramos los cumpleaños juntos, la Navidad, y el Año Nuevo; viajamos juntos; nos preocupamos constantemente unos de otros.

En todo caso, lo que mejor explicaría el lugar que ocupa nuestra amistad en la vida de cada uno de nosotros es el hecho de que estructura incluso los momentos de su ausencia. El hecho de no estar juntos se convierte en un elemento significativo: para Didier y para mí, ir a cenar con alguien que no sea Édouard, es *no* cenar con Édouard o cenar *con otro que no es* Édouard. Y cuando uno de los tres no está presente en un acto o en alguna salida, casi sistemáticamente nos enviamos mensajes o fotos para, pese a todo, intentar vivir el momento de manera compartida: nuestros amigos cercanos ya conocen esa costumbre, y nuestro amigo Thomas Ostermeier, por ejemplo, cuando cena con uno o dos de los tres, adivina lo que va a pasar y sugiere desde que comienza la velada: «Bueno, ¿nos hacemos una foto para el resto del trío?». Cuando uno de nosotros ve una película por su cuenta, o cuando lee un libro, manda a los otros una foto o una captura de pantalla de las secuencias más conmovedoras o que le traen a la memoria un recuerdo, una cita destacada, unan idea que le viene a la cabeza. Es como si cada uno llevara una especie de diario continuo de su vida para los otros dos. Cuando alguno de los tres vive una experiencia físicamente en solitario, los otros dos están presentes en la mente del que pasa por ella, lo que hace que, a fin de cuentas, la vivamos mentalmente juntos, entre los tres, o por lo menos que no haya diferencia entre vivir una experiencia e imaginar por anticipado el hecho de contarla. La experiencia se vive siempre como experiencia para contar. Del mismo modo que Georg Simmel afirma que es el secreto lo que define una relación (no es lo que se dice, sino, por el contrario, lo que no se dice, lo que constituye el mejor criterio para distinguir una relación de otra), podría utilizarse el criterio de la «presencia de la ausencia» para caracterizar esta amistad y su lugar en la vida de cada uno de nosotros.

Es indudable que no hemos escogido nunca conscientemente esa saturación de la vida de cada uno por nuestra relación, esa manera de totalizar nuestra existencia en torno a nuestra amistad. Aunque toda creación relacional exige para producirse una suma de pequeñas decisiones cotidianas y de prácticas que, al acumularse, dan lugar a una forma social autónoma, ninguna relación se crea a raíz de una decisión consciente. Más bien nos hemos visto llevados a ella por algo. Quizá porque, según una lógica spinozista, esa forma nos convenía y porque, en nuestro cuerpo y en nuestros afectos, hemos sentido que ese ordenamiento nos aportaba alegría y felicidad,

En su casa, Didier siempre tiene junto a él una
foto de Édouard y mía.

aumentaba nuestras fuerzas y nuestros placeres, y porque, al crear en la vida una orientación que nos convenía, no hemos dejado de alimentarlo.

Poco tiempo después de que Édouard se instalara en París, en septiembre de 2011, arrancó un ritmo que determinó para siempre el hecho de que ese funcionamiento fuera nuestro modo de ser. Édouard y yo nos habíamos apuntado a un pequeño centro deportivo muy cerca del sitio en el que por entonces vivía Didier. Mientras hacíamos ejercicio en un sótano minúsculo, charlábamos sobre todo tipo de cosas, sobre el libro que yo estaba a punto de escribir, sobre los estudios de Édouard, sobre nuestras lecturas y nuestros proyectos de escritura. Yo estaba trabajando en mi libro sobre Michel Foucault y el neoliberalismo, y Édouard escribía los primeros esbozos de *Para acabar con Eddy Bellegueule*.[2] Recuerdo que me estaba costando mucho escribir y que Édouard me tranquilizaba; recuerdo también que un día, en los vestuarios, todavía jadeante, le recomendé que leyera a Pierre Bergounioux para que lo ayudara en la redacción de su novela.

Después de hacer deporte, nos reuníamos con Didier debajo de su casa y pasábamos un rato con él en un café. Didier nos hablaba de *La sociedad como veredicto*,[3] que intentaba poner a punto. A veces aparecía con los ojos enrojecidos después de haberse pasado horas y horas ante la pantalla, con aspecto huraño, y decía: «Creo que voy a tirar ese manuscrito por la ventana». Luego, cada uno volvía a su casa, hasta última hora de la tarde, para trabajar y descansar, y después nos encontrábamos de nuevo para cenar. Los días en que no íbamos a hacer deporte, quedábamos directamente por la noche en casa de Édouard, en la mía o en el restaurante, o bien para ir al cine, al teatro o a ver a otros amigos.

Naturalmente, la organización de nuestras jornadas y nuestra forma de vernos han cambiado con el tiempo. Pero enseguida quedó patente que para nosotros vivir era vivir a tres, emocionarnos a tres, asistir los tres a un concierto o a un acto público, comentar a tres lo que ocurría. Como si una experiencia solo se viviera por completo cuando se vivía conjuntamente.

En un texto sobre el amor y la amistad, Emerson opone las relaciones amistosas que llegan a desarrollarse en el terreno de lo ordinario y las que, por el contrario, tienden, según él, a la facticidad, pues solo se experimentan con ocasión de momentos excepcionales, de celebraciones o de puestas en escena públicas. La amistad «pura» se diferencia de la amistad que él llama «de oropel» por su capacidad de desarrollarse no ya en momentos excepcionales y de ruptura, sino, por el contrario, de «ennoblecer» las necesidades y los deberes diarios, de embellecer lo cotidiano, de sentir, como si fuera una fiesta, un paseo a última hora de la tarde bajo la lluvia.

La multiplicación casi hasta el infinito de los mensajes, de los viajes juntos, de las conversaciones, de las recomendaciones de lecturas, de los SMS entre nosotros contribuye a sacar la relacionalidad amistosa del terreno de lo excepcional y de lo puntual. Hacer de la amistad un modo de vida supone un trabajo de inclusión de los vínculos en la cotidianidad más banal y no vivirla únicamente como se viven los momentos cumbre o una mera salida ocasional. Antes bien, la relación se desarrolla al margen de los marcos de la producción de la subjetividad y no puede convertirse en una forma de vida autónoma que produzca sus propios efectos.

Esa cotidianización de la relación y esa estructuración de lo cotidiano por parte de la amistad hallan su realización más manifiesta durante las semanas de vacaciones que pasamos juntos cada año. No empezamos enseguida a ir de vacaciones los tres juntos. Al principio de nuestra relación solo hacíamos juntos viajes cortos, a menudo para acompañar a alguno de nosotros a una conferencia o a un coloquio. Pero en 2015 Didier fue invitado a España por la Universidad de Valencia para pasar un trimestre como investigador residente. Evidentemente, yo decidí acompañarlo durante todo ese tiempo. Édouard vendría a pasar un mes, pues luego tendría que volver a París para preparar la salida de su libro *Historia de la violencia*.[4]

Aquellas semanas en España marcaron un momento clave de nuestra amistad. Creo que puedo decir que aquella estancia en Valencia, la primera de una serie de largas estancias en el extranjero los tres juntos, fue uno de los momentos más hermosos de nuestra relación; quizá incluso uno un poco mítico para nosotros, que inconscientemente intentamos siempre reproducir, recuperar, empezar de nuevo. Desde el día de nuestra llegada se estableció un ritmo que hemos reproducido día tras día: levantarnos, reunirnos en la terraza para tomar un café, charlar y trabajar, pasear, volver una o dos horas a casa y por fin reunirnos de nuevo para cenar: repetimos esta rutina exactamente de la misma manera durante treinta días.

Cuando hablo de vacaciones no me refiero, por lo tanto, a un periodo de ruptura con el trabajo que dedicamos al ocio y al descanso. Nuestra vida se basa, por lo demás, en un entrelazamiento permanente de actividades, y a los tres nos cuesta mucho trabajo comprender a los autores y a las criaturas que intercalan en su vida momentos de ruptura en los que, durante unas cuantas semanas al año, interrumpen por completo su actividad. Cuando salimos, trabajamos mucho: leemos, escribimos, charlamos. Intercambiamos citas y referencias, hacemos comentarios sobre los manuscritos de unos y otros. Quizá incluso trabajamos mejor en esos momentos, cuando la escritura se lleva a cabo en un marco menos ceremonial, emparejado con el ocio, con el placer, con la posibilidad de pausa permanente y la interrupción, por parte de otro, de la conversación anecdótica o seria.

Hablo de vacaciones en el sentido de un descanso provisional del mundo, como momentos durante los cuales la relacionalidad amistosa se convierte en el punto central de la cultura de cada uno. Cuando salimos a algún sitio y nos quedamos allí durante varias semanas, no visitamos nada o prácticamente nada ni hacemos ninguna excursión. Y no cuento las veces en las que, una vez de vuelta en París, las personas con las que salimos o los conocidos a los que nos encontramos nos preguntan: «¿Qué habéis visto en Milán?», «¿qué habéis visto en Bolonia?». Nunca o casi nunca tenemos nada que responder a estas preguntas. Nuestras vacaciones no se acoplan a la ciudad en la que podamos estar, sino a la manera en la que vivimos en ella nuestra amistad. En cada ciudad, el lugar que queda marcado en nuestra memoria es el café en el que pasamos los días: el Marquis en Valencia, el Zanarini en Bolonia, el

Tassos en Hidra, el Da Capo en Atenas… La búsqueda de una forma de vida a tres nos conduce con mucha frecuencia a elegir un libro, un autor clásico, que leemos o releemos juntos y sobre el que hablamos o del que compartimos pasajes en voz alta: Zola, Stendhal, Balzac… Y, si alguno de nosotros abandona la lectura por el camino porque quiere leer otra cosa o porque se aburre, entonces los otros dos continúan y hablan de lo que están leyendo con el que ha dejado de hacerlo, como en una puesta en común de los cerebros y del tiempo.

¿Cómo explicar esa práctica que consiste en cambiar de ciudad para hacer siempre exactamente lo mismo en sitios similares? ¿Qué es lo que se busca, lo que se quiere y lo que se trabaja como afecto y modo de existencia? ¿Qué tipo de sensación, de sentimiento, de placer permite experimentar la amistad como modo de vida?

Grecia, verano de 2019.

4

En un texto sobre la amistad, Giorgio Agamben sostiene que es un error pensar la relación amistosa en el plano de la intersubjetividad; es decir, como un lazo que uniría a dos personas (la amistad se piensa siempre a partir del número 2, lo cual es problemático y constituye un punto sobre el que tendremos que volver). El amigo no es otro, y lo que se ama en él no es a otra persona. Lo que se experimenta a través de la amistad sería más bien el sentimiento de uno mismo dividido, la sensación de algo que engloba a los dos seres, que lo comparten a través de su relación:

> A esta sensación de existir es inherente otra sensación, específicamente humana, que tiene la forma de un con-sentir (*synaisthánesthai*) la existencia del amigo. La amistad es la instancia de este con-sentimiento de la existencia del amigo en el sentimiento de la existencia propia. Pero esto significa que la amistad tiene un rango ontológico y, a la vez, político. La sensación de ser, de hecho, está siempre partida y compartida, y la amistad nombra este compartir. Aquí no hay intersubjetividad alguna —esa quimera de los modernos—, ninguna relación entre sujetos; por el contrario, el ser mismo está partido,

es no-idéntico a sí, y el yo y el amigo son las dos caras
—o los dos polos— de este compartir.[5]

Lo que los amigos aman en la amistad, lo que cultivan
y experimentan cuando están juntos, lo que buscan
como tipo de placer es una especie de sensación aparte
que se constituye y que experimentan a través de la
relación, pues no existe más que por intermediación de
ese acto de compartir... La cuestión que plantea toda
creación relacional es la de saber qué sensación existencial se genera, se instaura y se desea a través de ella.
    Cuando se convierte en un modo de vida, cuando se
convierte en el objeto de una cultura específica inherente a la existencia, en el lugar en el que se invierten
unos intereses psíquicos y no en lo que queda después
de la familia, del trabajo, de los vecinos, etcétera, la
amistad podría interpretarse como la búsqueda de un
exterior. Es una práctica cuyo objeto y cuya finalidad
son la posibilidad de salir de las relaciones instituidas
para volver a configurar otra relación con uno mismo y
con los demás. Cuando estamos con amigos, ocurre a
veces que cada uno siente una especie de momento de
gracia, de felicidad por estar con el otro o con los otros,
y yo creo que esa sensación tiene que ver con un sentimiento de acceso a algo fuera de uno mismo y de la
sociedad en general. Sería como sentir en la práctica
amistosa y a través de ella la virtualidad de otro yo y la
posibilidad de experimentar otras formas de relacionalidad y de afectividad.

5

Solo se puede entender la significación sociológica y, sobre todo, la importancia existencial de la invención de nuevos modos relacionales con la condición de integrarla en una problematización renovada de la cuestión de la utopía y de la aspiración a convertirse en otro. Cuando venimos al mundo, hay unos marcos sociales que nos preceden. Somos producidos como sujetos vivos y amantes dentro de formas instituidas: la sociedad ya está ahí, nos rodea y determina nuestras formas de ser, de pensar y de sentir, y el sentimiento de que las vidas que vivimos son vidas robadas, predelimitadas, sometidas al poder de otro, de que en definitiva tenemos muy poca influencia sobre ellas domina la teoría política, la ética y quizá, en el fondo, la intimidad de cada uno de nosotros. ¿Y si la amistad como cultura constituyera una de las respuestas prácticas a la cuestión de la posibilidad de experimentar otros modos de vida? ¿Si proporcionara un punto de apoyo para la invención de uno mismo, para la posibilidad de vivir de otra forma y, por consiguiente, en cierto sentido, de salir de la sociedad?

En *Cómo vivir juntos*, Barthes se interesa por esa cuestión obsesiva que define el campo de investigación de la utopía, a saber, la de la posibilidad de elaborar la propia existencia al margen de las lógicas ordinarias de la dominación y de la sumisión a los demás. Pero, cuanto más leemos su seminario, mejor entendemos que las formas de vida utópicas potenciales que evoca el autor están condenadas a la aporía y a la imposibilidad.

Barthes aborda la cuestión de la elaboración de modos de vida diferentes de los que se nos imponen a través de la cuestión del tempo y del ritmo. Se pregunta por lo que implicaría pensar unos marcos de vida en los que la existencia entre varios no se produce en detrimento del respeto de los ritmos individuales. Cada individuo tiene sus temporalidades, sus deseos, sus territorios, sus momentos de inspiración en soledad y otros de aspiración al encuentro, su manera de gestionar la proximidad o la distancia respecto a los otros. La sociedad se le presenta en su conjunto como una máquina inmensa para uniformizar las relaciones en el tiempo; para crear unos ritmos de vida dominantes y otros dominados, degradados, ilegítimos; para someter a cada individuo a una organización de la vida que no respeta la pluralidad de los ritmos individuales.

Barthes define el «fantasma» de la existencia a la que aspira utilizando el concepto de «idiorritmia». Salir de la sociedad, reinventar la propia existencia, querría decir lo siguiente: inventar un ordenamiento colectivo dentro del cual cada individuo podría vivir con los demás a su propio ritmo y dentro del cual habría una especie de armonía entre los momentos de soledad y los elegidos para presentarse ante los demás. Barthes describe el fantasma de la vida idiorrítmica exactamente como el contrario del Sistema-Familia:

Desde mi ventana (1º diciembre de 1976), veo a una madre llevando a su hijo de la mano y empujando el cochecito vacío delante de ella. Iba imperturbable, a su paso, el chico estaba tironeado, sacudido, obligado a correr todo el tiempo, como un animal o una víctima sadiana a la que castigan. Ella va a su ritmo, sin saber que el ritmo del chico es otro. Y sin embargo, ¡es su madre! El poder —la sutileza del poder— pasa por la disritmia, la heterorritmia.[6]

El «Sistema-Familia» se presenta exactamente como lo contrario de la utopía a la que aspira Barthes: la heterorritmia frente a la idiorritmia. Esta forma de vida viene marcada por una lógica estructuralmente mutiladora porque obliga a individuos distintos a desarrollar su existencia dentro de un lugar compartido de cohabitación, lo que por fuerza determina restricciones colectivas muy poderosas. La familia «bloquea toda experiencia de anacoresis, de idiorritmia», dice Barthes.

En la amistad que mantenemos Édouard, Didier y yo, a menudo hemos tenido que hacer frente a esa importancia del tiempo como principio fundamental de normalización de las existencias, concretamente a través del familiarismo y de lo que podríamos llamar familio-madrugadorismo. Un año, uno de los tres fue residente en un instituto de investigación; la dirección insistía en que los seminarios colectivos tuvieran lugar por la mañana, aduciendo que se trataba de la solución que más convenía a los miembros del instituto que tenían hijos y que, pese a ser una minoría, conseguían ocupar una posición que les permitía arrogarse un poder sobre el tiempo de los demás. El madrugadorismo es a menudo otro nombre del familiarismo, y toda persona comprometida con la vida intelectual o con la investigación, o incluso con el mundo de la empresa, se enfrenta al principio que lleva siempre a programar las reuniones, los seminarios y las citas a primera hora de la mañana, a concebir la mañana como un momento evidente e incluso como un momento privilegiado, porque, en cualquier caso, las mujeres y los hombres que tienen hijos se levantan temprano e intentan imponer su ritmo a los demás. Conseguir que unos modos de vida distintos de los que derivan del modo de vida familiar parezcan legítimos representa una batalla continua, y concretamente una batalla simbólica, pues la resistencia a las temporalidades asociadas al orden familiar se ve con frecuencia como un «capricho»: Didier se enfadó un año con la organizadora de un coloquio que no comprendía que se ausentara de las sesiones de discusión y de las conferencias de primera hora de la mañana. La buena señora repetía indignada: «Esta mañana no has venido». Y cabría preguntarse si se habría atrevido a reaccionar de la misma manera contra una persona que no se hubiera presentado a una sesión del seminario de la tarde explicando que no había encontrado *baby-sitter* para sus hijos o simplemente que tenía que «cenar en familia».

¿Cómo instaurar una organización social en la que se anule la lógica del canibalismo temporal? Eso es lo que busca Barthes. A lo largo de sus seminarios cita ejemplos de experimentos de comunidades idiorrítmicas. Sin embargo, en el momento en el que inicia esta reflexión, resulta chocante comprobar que lo hace a partir del motivo del lugar, de la desconexión y de la rarefacción: recuperar un poco de poder sobre la organización de nuestra vida exigiría romper los lazos no deseados que cada uno de nosotros mantiene con los demás con el fin de crear otro espacio físico, más restringido, de coexistencia. Pero reflexionar a partir de esas imágenes lo condena a imaginar unos dispositivos utópicos que necesariamente van a tender a reinstaurar unas lógicas parecidas a aquellas de las que en teoría iban a liberarnos. Lo que lleva a Barthes a preguntarse continuamente —hallándose por entonces prisionero de un dilema tradicional— si le es posible a uno liberarse de los ritmos sociales sin reproducir la forma sociedad a una escala menor y sin tener que mutilarse de nuevo.

La búsqueda de una vida idiorrítmica evoluciona siempre entre dos vías posibles: por un lado, la del eremita, que se desconecta de todo, que vive a su ritmo, pero solo, y que, por lo tanto, responde al malestar que engendra la presión del tejido relacional que actúa sobre la sociedad por medio de un empobrecimiento de los lazos que mantiene, por una marginalización excesiva que lo destruye; por otro, la del monasterio, dentro del cual varias personas se desconectan del mundo y aspiran a una vida regulada de otra manera, pero se encuentran igualmente prisioneras de una institución total. Barthes dice que busca una zona entre estas dos formas extremas, una excesivamente integrativa y la otra excesivamente negativa (a causa de la soledad).

En su texto, Barthes no deja en ningún momento de chocar con aporías, con imposibilidades. Vacila, se da cuenta de que los modelos que examina se vuelven siempre contra sí mismos y no tienen nada de atractivos.

Pero, de hecho, el fracaso de su búsqueda de un ejemplo exitoso de comunidad idiorrítmica —y, por lo tanto, de un modelo de otro estilo de vida posible— debe llevarnos no ya a deducir de él la imposibilidad de inventar una contravida, sino a preguntarnos por los postulados a partir de los cuales Barthes construye su fantasma. De hecho, ¿no es acaso sobre otras bases sobre las que debe desarrollarse una política contracultural de la existencia? ¿Acaso las aporías que Barthes pone en evidencia no son una consecuencia de su manera de abordar la cuestión de la comunidad utópica a partir de una problemática del excedente, del lugar y la clausura?

¿Es tal vez porque Barthes comete un error de diagnóstico sobre lo que somos y sobre los poderes que padecemos por lo que su formulación de la utopía se ve condenada al fracaso? En efecto, ¿es exacto afirmar que las existencias se hallan sometidas a un número demasiado grande de ataduras que las aplastan? ¿Y si fuera exactamente al revés? ¿El sufrimiento no deriva más bien del carácter estereotipado de las relaciones sociales y de los papeles que desempeñamos, de nuestro encierro en unos marcos rígidos —y en concreto domésticos— que paralizan nuestras identidades y lo que se nos autoriza a vivir? ¿Y si hubiera que abordar la cuestión de la invención de una vida distinta, más libre, a través de una problemática de la multiplicación de la relacionalidad y de la descompartimentación, y no de la restricción y del enclaustramiento? Lo que nos mutila no es el sobrepeso del mundo. Es ver nuestras existencias reducidas a unas cuantas relaciones estereotipadas, intercambiables y monótonas. Y la monotonía no se combate con más monotonía. Lo que ejerce efectos de poder son las formas instituidas de las ataduras y los efectos de restricción de uno mismo y de empobrecimiento del tejido relacional que arrastran tras de sí, por no hablar de la soledad. De manera que parece absurdo fundamentar una visión política que opondría a la pobreza relacional de la vida corriente una pobreza mayor aún.

Cultivar la amistad como modo de vida es una práctica existencial marcada, como todos los planteamientos utópicos, por una aspiración a salir, a salir de las formas normativas de la vida en sociedad. Pero ese salir adopta aquí un sentido concreto. No significa ni la retirada ni el aislamiento ni la desconexión ni el encierro. Salir no implica exterioridad ni retirada. La amistad representa quizá la única forma que se nos ofrece de salir de la sociedad, es decir, de tomar distancia respecto de los dispositivos normativos de la existencia (y concretamente de los familiares y conyugales) y de los *ethos* dominantes que fabrican sin reproducir a una escala más pequeña aquello de lo que querríamos escapar. Constituye la única modalidad de la vida distinta que no adopta la forma de una aspiración a una organización comunitaria de la existencia tal como la vemos funcionar en muchos autores, desde Fourier hasta Wittig.

La cultura de la amistad funciona como una fuerza oposicional a los mecanismos de absorción en los marcos y en los papeles dados de antemano, y permite mantener una exterioridad respecto de las formas solidificadas de la existencia. Pero el objetivo no es desconectarse, rarificar todavía más el tejido relacional. Por el contrario, es producir otra cultura más intensa y otra práctica más compleja de la relacionalidad, en cuyo espejo la sociedad aparece reflejada como un convento gigantesco. Se trata del lugar de producción de otra relación, más autónoma, con uno mismo y con los demás. Un lugar de vida dotado a la vez de su propia finalidad, pero que al mismo tiempo sirve de hogar para construir otra orientación de la existencia e inventar otros tipos de relación con el prójimo, con la política y, en nuestro caso, con la escritura. Es una base de retaguardia, no un campamento atrincherado. El espacio fuera de la sociedad no se puede buscar en la instauración imposible de una contrasociedad. Se encuentra en la invención de otra práctica de la relacionalidad.

CAPÍTULO II

El sujeto amistoso

1

Pero la amistad como modo de vida es todo menos una práctica evidente y dada de antemano. Mientras que los lazos familiares y conyugales, e incluso la mayor parte de los lazos débiles que establecemos a lo largo de nuestra vida, se inscriben en unos dispositivos sociales que los sostienen (la cohabitación, el contrato de matrimonio, la red profesional o incluso la proximidad espacial vinculada a la vecindad…) y, por lo tanto, están dotados de una relativa estabilidad, que en gran medida hace que sean independientes de los sujetos que los experimentan, los lazos amistosos puros son precarios. Existen únicamente por sí mismos y por lo tanto solo si se reinstauran de forma cotidiana. La amistad es una forma de vida que podría calificarse de puramente existencialista: se reduce a las prácticas que la crean y la recrean cada día, solo existe a través de la serie de actos que hacen que exista. Sin un cuidado cotidiano del amigo, la amistad desaparece. Desde un punto de vista sociológico, pero también íntimo, la amistad plantea a cada individuo la cuestión de las condiciones de una creación relacional y de su mantenimiento sin un apoyo institucional o ritualmente institucionalizado y sin un verdadero modelo. No hay nada más fácil que perder un amigo, mientras que son muchos los individuos que dan testimonio de la dificultad de divorciarse o de separarse de su compañero o compañera. La salida de la vida conyugal y de la vida de familia es difícil, mientras que la salida de la amistad resulta cómoda. Como subraya Freud, a diferencia de los lazos amistosos, los lazos familiares pueden perdurar pese a la desaparición de los sentimientos afectivos que los originaron, pues, de hecho, tienen otras finalidades, además del afecto mutuo. No seguimos siendo amigos de una persona a la que ya no amamos, mientras que podemos seguir en pareja cuando los sentimientos ya han desaparecido, e incluso muy a menudo seguimos en pareja por motivos que no tienen nada que ver con el amor (los hijos, las propiedades...); otra forma de decir que, desde un punto de vista sociológico, el fundamento y la razón de la pareja y de la familia son, a pesar de las impresiones subjetivas que puedan apreciarse, no ya el afecto mutuo (lo que no quita que este sea muy real mientras existe), sino las funciones sociales que desempeñan.

Hacer de la amistad una cultura, un estilo de vida, exige una ética y una transformación por parte del sujeto. El sujeto debe adoptar una determinada orientación en la vida para poder ser el sujeto-amistoso, con unas disposiciones y unos repliegues psíquicos particulares, con una relación con los demás. La relacionalidad amistosa no puede ser algo más respecto a las formas tradicionales de la vida. Es algo distinto, pues su desarrollo se efectuará necesariamente en detrimento de la inversión hecha en otros modos de vida. Como una relación amistosa se ve siempre perseguida por la amenaza de su desaparición y como esa desaparición puede producirse tan deprisa, no puede durar más que si las personas que la experimentan se comprometen a algo que tiene que ver con el orden de la ascesis: reconfigurar su relación con el espacio y con el tiempo, a fin de situar al amigo en el centro de sus preocupaciones y de su existencia. El sujeto amistoso es, pues, un tipo de sujeto específico, producido por la relación amistosa al tiempo que la produce, de suerte que las condiciones de posibilidad de la amistad son también sus efectos.

2

Una de las cosas que están en juego en la construcción de una relacionalidad amistosa guarda relación, en primer lugar, con la cuestión de la proximidad. Como señala Derrida en un comentario de Aristóteles, quien dice amistad dice proximidad: «La presencia o la proximidad son la condición de la amistad, cuya energía se pierde en la ausencia o en el distanciamiento. Los amigos que duermen o que viven en sitios separados no son amigos en acto. La energía de la amistad extrae su fuerza de la presencia o de la proximidad. Si la ausencia o el distanciamiento no destruyen la amistad, la atenúan o la extenúan. El proverbio que cita a este respecto Aristóteles subraya que la ausencia o el distanciamiento son para él sinónimo de silencio: los amigos están separados cuando no pueden hablarse».[1] La amistad exige verse, no perderse nunca de vista; es decir, decidir verse y, por consiguiente, cultivar, multiplicar los momentos de compresencia. Es preciso establecer el acto de ver al amigo como una prioridad para no estar nunca demasiado separado de él, lo que también exige un cambio en el ritmo o el empleo del tiempo de uno mismo en función de él. Solo una práctica semejante puede contribuir a conservar la presencia de la relación en la

cotidianidad de cada uno, a mantener la vida amistosa como principio de organización de lo práctico-inerte
y evitar que pase al registro de lo intermitente y, por lo
tanto, de lo banal.

Didier, Édouard y yo tenemos cada uno actividades
e invitaciones que nos llevan a viajar regularmente cada
uno por su lado y, por lo tanto, a separarnos. Por consiguiente, siempre hay una amenaza de dispersión que
pesa sobre nosotros y que a veces nos angustia cuando
alguno de los tres tiene que pasar un periodo bastante
largo en algún sitio. Una de las prácticas esenciales de
nuestra amistad consiste, pues, en llevar a cabo de forma
regular sesiones de sincronización de nuestro empleo
del tiempo para intentar conjurar el riesgo siempre presente de la dispersión e incluso transformar la ausencia
potencial en presencia real y en momentos vividos juntos: intentamos al máximo hacer coincidir nuestros
viajes al extranjero en una misma ciudad o encontrar
alguna posibilidad de reunirnos en tal o cual ciudad
cuando haya ocasión, para pasar algunos días juntos.

La práctica de la sincronización de nuestras existencias constituye una de las traducciones de una relación
más general con los otros dos que podría calificarse
como una ética de la disponibilidad: organizar el tiempo de uno para el otro, en función del otro. Construir el
tiempo de uno como tiempo disponible para el otro,
como tiempo no propio, como tiempo dable, como
tiempo que se puede dar. La formalización que hago
aquí de las actitudes que, a mi juicio, han hecho posible
nuestra amistad y su mantenimiento podría producir la
impresión de que esta se basa en una serie de reglas
restrictivas. Representan más bien la traducción de un

MARS
1-10 : Seville   24-28 : ITALIE
12 : INSTITUT
16-22 : BERLIN (Pere)
23-24 : LAUSANNE (cours)

Avril
1 : ANVERS (Iro)   9 : INSTITUT
2 : Venise
3 : MILAN
4-5 : LJUBLJANA   23 : INSTITUT
6-7-8 LAUSANNE (cours)

MAi   6 : INSTITUT
7 : Amsterdam (Iro)   18 : LAUSANNE (Dernier cours)
11 : CONFERENCE AMSTERDAM   21-22-23 : YARSOVIE-KRAKOVIE
                                        (PERE)

Juin

Es habitual que nos mandemos el esquema de cómo vamos
a emplear el tiempo durante los próximos meses con el fin de
sincronizar nuestros desplazamientos para no estar separados
mucho tiempo o para ir juntos de viaje.

conjunto de disposiciones mentales que se han mate-
rializado en forma de prácticas porque estaban respal-
dadas por el placer de estar juntos, de estar atento al
otro, y por el deseo de alimentar ese placer. Indudablemente, aquí hay una elección, una decisión, una resolu-
ción; pero nada de eso se ha vivido como un esfuerzo
que había que hacer, sino que más bien se ha visto animado por una *libido amicalis*.

En realidad, la relación amistosa no existe sino a
condición de que el amigo se piense como ser disponible para el otro. Es una relación estructurada por la posibilidad permanente de la interrupción si el otro lo
necesita. (Ese es el motivo de que la idiorritmia barthe-
siana no sea un fantasma de amistad y de que no pueda
desembocar en la práctica de la amistad. Por lo demás,
creo que esta palabra no se menciona en su seminario).
Nuestra amistad ha funcionado siempre como el espacio
evidente de asunción de responsabilidad de nuestras
dificultades y de nuestros dolores, un lugar de ayuda y
de asistencia mutua continuada en el que el hecho de
que uno detenga de repente el propio trabajo, de que
modifique su ritmo de vida o su agenda durante unas
horas, durante unos días o incluso más cuando uno de
nosotros lo necesita se nos presenta como una evidencia absoluta. Pienso incluso que hemos llevado esta
exigencia hasta el extremo, que una de las cosas que definen nuestra relación compartida en el presente es el
hecho de que estamos permanentemente alerta, disponi-
bles para los otros dos si ocurre algo, lo que sea: ir a urgen-
cias, acompañar al otro en caso de que reciba una mala
noticia o de que sienta alguna inquietud relacionada con
la salud, o viajar al extranjero para ayudarlo a salir de

una situación que le resulta demasiado pesada, como nos ha ocurrido en varias ocasiones.

En 2017, Édouard se sintió completamente bloqueado en los distintos proyectos que tenía. Ya no era capaz de escribir. Estaba como paralizado, hacía pruebas que no le funcionaban, todas sus tentativas fracasaban y empezaba a sumirse en una especie de depresión; no dormía, tomaba ansiolíticos. Para ayudarlo a salir de ese estado que se apodera a veces de un escritor que se encuentra ante la pantalla sin poder escribir, que alterna fases de parálisis con otras de escritura frenética pero vana, y para permitirle volver a encontrar un ritmo de trabajo, Didier propuso a Édouard colaborar con él en un libro de diálogos sobre literatura, creación, homosexualidad, etcétera. Édouard aceptó y, durante varios días, Didier interrumpió su trabajo. Era el mes de febrero, hacía un frío glacial. Didier salía a diario de su casa a primera hora de la tarde, cruzaba la ciudad en medio del frío, a veces compraba cruasanes o fruta y entrevistaba a Édouard durante varias horas.

Yo no oí nunca aquellas conversaciones, no sé si se han conservado, pero, de todas formas, su función no era ser publicadas, aunque ese fuera el plan que Édouard y Didier se habían fijado para dar un sentido a lo que hacían. Sé que por aquel entonces Didier trabajaba duro en un proyecto y que hacer un alto en su propia tarea significaba agravar los problemas que tendría que afrontar más tarde, cuando volviera a dedicarse a ella: todos los que escriben saben hasta qué punto resulta difícil volver a zambullirse en un manuscrito cuando se ha abandonado durante un tiempo, cuando ha dejado uno de enfrentarse a él todos los días y el tema ha pasado en cierto modo de ser un estado de materia viva a ser una cosa calcificada y congelada. Sin embargo, a Didier le pareció evidente que había que ayudar a Édouard, sobre todo porque lo conoce y sabe de su tendencia a tomarse los problemas de la escritura demasiado a pecho y de manera demasiado íntima, como si fuera una tragedia personal. Y evidentemente la amistad constituye también la capacidad de estar dispuesto a escuchar a los otros y sus particularidades. Después de días y días de conversaciones, Édouard salió de su sopor, pudo volver a escribir y las sesiones de trabajo a dos cesaron. Compuso *Quién mató a mi padre*[2] y cuando, por ejemplo, hoy veo alguna de las adaptaciones teatrales de que ha sido objeto su novela, no puedo dejar de pensar en ese libro de diálogos inacabado que la hizo posible, en esas tardes de invierno pasadas entre Édouard y Didier, y en la ayuda amistosa y la generosidad que han constituido algunos de los fundamentos ocultos de la obra.

3

Luchar contra la precariedad ontológica del lazo amistoso y el hecho de que el mundo social funcione como un
gigantesco mecanismo de dispersión de los amigos probablemente también explique por qué Didier, Édouard y
yo no dejamos de marcar nuestra vida a tres con un ritmo
de rituales, de ceremonias o de momentos que pautan el
curso de nuestro año, que aguardamos y que, una vez
pasados, nos apresuramos a revivir al año siguiente: los
aniversarios, las marchas del orgullo LGBT, algunos fes-
tivales de verano, etcétera. Esos marcadores tempora-
les forman como una especie de zócalo autoinstituciona-
lizado, de calendario propio, que sitúa nuestra relación en
el tiempo remitiéndola a marcos externos a ella.

Por lo que a nosotros concierne, la relación amistosa
se ha entablado alrededor de una especie de pacto. No
nos acordamos exactamente de la fecha de esa promesa
que cada uno se hizo a sí mismo y a los otros dos. Probablemente tuviera lugar en el invierno de 2012, el momento en el que empezamos a estar cada vez más cerca
unos de otros y a sentir que entre nosotros hay algo que
nos ata con fuerza y que lo hará durante mucho tiempo.
Estamos cenando en un restaurante del barrio de Montparnasse ya desaparecido. En un momento dado, Didier

dice: «Uno de los principios fundamentales de la amistad es la fidelidad, la lealtad». Tal vez fuera porque Didier había conocido a demasiados amigos que se habían mostrado capaces de traicionarlo, por lo que aquel día, en un tono a medio camino entre lo humorístico y lo solemne que marcaba a la vez la realidad del momento y cierta distancia con él, tuvo necesidad de oficializar algo parecido a una especie de juramento y ahuyentar el miedo a la posibilidad de una futura deslealtad. «Nuestra relación a tres solo es posible si nos hacemos el juramento de no traicionarnos nunca».

La práctica de la sincronización y de la compresencia, la ética de la disponibilidad, el juramento de no-traición, de lealtad y de fidelidad constituyen las técnicas de las que nos hemos servido para establecer nuestra relación contra la amenaza perpetua que representaba su fragilidad social y socialmente organizada, para hacerle ocupar su sitio en nuestra cotidianidad y para que se convierta en el marco de vida dentro del que ahora nos definimos. Estas constituyen la condición de posibilidad para que semejante relación pueda ser la plataforma de creación de un espacio diferente, de un lugar fuera de la sociedad, un espacio contracultural en el que se inventa otra manera de existir.

CAPÍTULO III

Vivir de otra manera

1

Si la amistad no es un estilo de vida dado de antemano, si se trata de un modo de existencia por construir que solo concede libertades si las conquistamos, es en gran parte porque posee cierta forma de atipicidad social. Y esa atipicidad radica ante todo y sobre todo en el hecho de que se inscribe dentro de la ruptura con la organización tradicional de la vida y con el propio ciclo de vida y, evidentemente, dentro de ese marco, con el orden familiar.

He aquí un ejemplo que me parece que ilustra particularmente bien esa idea: cada año, Didier, Édouard y yo festejamos juntos el 24 de diciembre. Cuando festejamos esa cena de Navidad a tres y mandamos a otros amigos imágenes de la velada, o cuando publicamos alguna de ellas en las redes sociales, recibimos un número impresionante de mensajes de personas que nos dicen que envidian la posibilidad de pasar esa noche «entre amigos». Esos mensajes, que se repiten año tras año, nos llevan cada vez a preguntarnos qué es lo que parece inaccesible de la amistad como modo de vida, incluso para aquellos y aquellas que aspiran a conseguirlo. ¿No les bastaría con decidirlo para que fuera posible? ¿Qué hace que resulte tan difícil tomar esa decisión? Pasar la Navidad, o cualquier evento social de ese tipo, «entre amigos» o «en familia» constituye probablemente uno de los criterios más potentes para distinguir las existencias que han situado la amistad en su centro de las que siguen condicionadas por una forma de familiarismo dominante, cuando incluso el individuo que reproduce ese familiarismo sufre por ello; y son incontables las quejas expresadas antes de que lleguen las fiestas, sobre todo en las redes, acerca de la angustia que provoca tener que hablar con tal o cual pariente desagradable o ser despertado a las siete de la mañana por los niños un día de fiesta. ¿A través de qué dispositivos lleva la sociedad a un número incalculable de individuos a reproducir unos modos de vida de los que luego no dejan de quejarse. Al mismo tiempo, ¿qué tecnologías hacen que la amistad como modo de vida, que, sin embargo, parece constituir un fantasma para muchos, se interiorice en las estructuras mentales como una virtualidad que resulta imposible poner en práctica?

Sin duda, cuando festejamos la Navidad juntos, Édouard, Didier y yo festejamos también el hecho de festejarla juntos, como una especie de conquista sobre la lógica habitual del mundo social. Y me acuerdo de que Édouard me hablaba del sentimiento de transgresión y de liberación que experimentó el día en el que anunció por primera vez a su madre que no iba a festejar la Navidad en familia, como si fuera una ruptura en su vida, análoga en cierto modo a la escena de las memorias de Simone de Beauvoir en la que, un día, la autora de *El segundo sexo*[1] toma un día la decisión de no volver a ir a la iglesia, a la que su familia va cada semana desde los primeros días de su existencia.

2

No resulta muy cómodo describir la relación amistad como modo de vida/familia como modo de vida. Aunque existe un antagonismo radical entre estos dos modos de existencia desde un punto de vista político y existencial, no es sencillo identificar cuál de estas formas sociales se define contra la otra ni, por consiguiente, encontrar el vocabulario adecuado para describir su relación.

En cierto sentido, parece importante, en primer lugar, romper con todo vocabulario que implique la idea según la cual la vida familiar constituiría algo dado contra lo que se definiría la práctica de la amistad, entendida entonces como la existencia adoptada por aquellos y aquellas que no quieren ni hijos ni familia o que no habrían tenido acceso a ese tipo de bienes (por lo demás, muchos solteros o personas sin hijos entran, a pesar de todo, en un modo de vida amistoso, lo que demuestra que dicho modo de vida tiene más que ver con una cultura autónoma que con una elección negativa).

Siempre me ha sorprendido que en *Reflexiones sobre la cuestión gay*[2] Didier proponga hablar de una melancolía gay específica que estructuraría su relación con el mundo y que se originaría en el hecho de que, para vivir su existencia, en un momento dado o al menos provisionalmente, los gais tendrían por fuerza que pasar el proceso de duelo por la vida familiar y por la integración en el orden familiar. Por supuesto, se trataría más bien de un sentimiento personal que de un testimonio sociológico general vinculado con el fervor con el que se han expresado las reivindicaciones del derecho al matrimonio y a la paternidad. Pero, por el contrario, cabría preguntarse si no es la vida familiar la que se basa en un duelo por las relaciones amistosas y por las experiencias que posibilitan. La juventud y los estudios son épocas de la existencia fuertemente marcadas por la relacionalidad amistosa que, además, preceden la entrada en la vida familiar. Hay que renunciar a ella para adoptar el papel de padres y, por lo tanto, es más bien la vida en sus formas tradicionales la que supone un gesto de ruptura y un desarraigo de uno mismo, gesto y desarraigo que, además, van acompañados muy a menudo de una negación de las promesas que nos habíamos hecho a nosotros mismos unos años antes. Y ya se sabe que, en el fondo de su alma, son muchos y muchas los que, al volver la vista atrás y contemplar su propia vida, sienten mucha tristeza cuando se preguntan si han hecho las elecciones correctas (así es mi vida, ¿qué vamos a hacerle?).

Pero, en ese mismo instante y al contrario de lo que supone ese análisis, no se puede negar el hecho de que la vida de cada individuo se desarrolla en un mundo dentro del cual llegar a ser padre constituye una evidencia, algo así como una espera de los demás y una imagen de uno mismo a la que es preciso oponer resistencia si uno no quiere plegarse a ella. Recuerdo incluso que cuando tenía yo veinticuatro o veinticinco años se me ocurrió la idea de tener un hijo. No era un proyecto muy claro, sino más bien como una aspiración vaga, de la que hablaba a veces, un deseo potencial venido de fuera y sobre el que meditaba de vez en cuando. Hoy veo esa tentación como una especie de manipulación, un intento de robo que el mundo exterior pretende perpetrar sobre mi conciencia y sobre mi cuerpo. Pero en aquel momento hablé del asunto con Didier, que me hizo comprender que, de hecho, si tenía un hijo, lo haría yo solo, que él permanecería fuera de ese proyecto y que eso significaría casi por fuerza el fin de nuestra historia y en todo caso, con toda seguridad, el fin de nuestro modo de vida. Así que renuncié a la idea. Y ahora creo que Didier, al encarnar una fuerza oposicional frente al hecho de ser absorbido mecánicamente por la familia, me salvó y me permitió vivir una vida mucho más intensa y mucho más feliz que aquella en la que me habría encerrado. Pero, sin Didier y rodeado de otras personas, ¿qué habría podido pasar, sabiendo a qué velocidad pueden meterse en el cerebro unos deseos furtivos en forma de deseos duraderos y luego, por consiguiente, de deseos realizados cuando son naturalizados, fomentados y promovidos por los demás, lo que demuestra el carácter determinante de los encuentros que tenemos o que decidimos cultivar? Frecuentar a un hombre distinto de Didier habría podido bastar para que se me hubiera impuesto un deseo falso como si fuera verdadero y mi vida cambiara para siempre.

La idea subjetiva según la cual la biografía de cada individuo debería, por lo general, verse marcada un día u otro por una entrada en la vida de familia y que se define, pues, en relación con esta norma ejerce una influencia psíquica enormemente poderosa en nuestras sociedades. Esa representación se ve reforzada, además, por el hecho de que la existencia normal está organizada por ciclos: de manera brutal, la juventud marcada por una práctica de la amistad cede su sitio a la vida de familia dentro del hogar. Al principio predominan una cultura de los lazos amistosos y una organización de la vida alrededor de los amigos, hasta que se imponen el trabajo y los lazos familiares, junto, por supuesto, con algunos lazos afectivos que perduran pero que por lo general están integrados en esa organización de la vida (los amigos se encuentran en el trabajo o en el vecindario, se ven en casa o fuera, de forma intermitente…) y que siguen siendo periféricos respecto a lo que se presenta entonces como el nuevo centro de gravedad de la vida.

Esa organización cíclica de la existencia, esa condena dominante de la amistad a no ser más que una fase previa a la entrada en la vida seria, la vida adulta, pone de manifiesto que nuestras sociedades están gobernadas por una economía psíquica en la que las invenciones relacionales creativas, es decir, autónomas respecto a los demás marcos de la vida, incluso cuando alcanzan su máxima intensidad, tienen tendencia, de hecho, a ser vividas y sentidas como pasajeras, como destinadas a la desaparición, como si, en el fondo, un amigo fuera siempre alguien a quien se puede abandonar, a quien se puede sacrificar, porque, en un momento dado, habrá que entrar en «la vida de verdad», la vida conyugal y familiar. Podemos ver en acción esa lógica espantosa y deprimente en *Éramos unos niños*,[3] el libro de memorias de Patti Smith en el que la autora describe su relación con Robert Mapplethorpe. Todo el comienzo de la obra está dedicado a su vida a dos en

Nueva York, cuando empiezan a sentir deseos de crear: los ánimos recíprocos que se dan, la complacencia en uno mismo inherente a toda actividad artística que todavía no ha encontrado signos de reconocimiento en el mundo, los primeros éxitos, las dificultades económicas, el hecho de estar siempre juntos e incluso de dormir juntos en pequeñas habitaciones de hotel. Pero, ya casi al final del libro, la autora recuerda cómo, de golpe, se produjo la ruptura. Un buen día ella se va. Decide marcharse, abandona a Mapplethorpe y se muda con su marido lejos de Nueva York para tener hijos y criarlos con tranquilidad. La artista cuenta el final de esa relación de la forma más sencilla, con el tono de quien constata una evidencia, consagrándole apenas unas líneas después de dedicar varios centenares de páginas a su vida con Mapplethorpe, quizá porque le da vergüenza, pero quizá también —lo que sería todavía más triste— porque lo considera una decisión evidente y en absoluto problemática. Como si desde el principio fuera lo más natural que la amistad se tratara de una vivencia temporal, destinada a desaparecer, y que la vida familiar fuera más importante que la vida de amistad; en su mente más que en la de Mapplethorpe, en cualquier caso. Este relato ilustra hasta qué punto, a pesar de todo, incluso una amistad tan intensa puede ser vivida (por ella, y no deja de ser significativo que ella sea una mujer heterosexual y él un hombre gay) con la certidumbre de que solo se trata de un momento, de un paréntesis (éramos unos niños), y cómo las relaciones aparte e inventadas parece que solo pueden durar hasta que el destino familiar y la llegada de los hijos hacen que revienten.

3

Cualquier sociedad está marcada por una economía política del tejido relacional y cabe afirmar que una de las características de nuestras sociedades se halla en el hecho de que a las relaciones no familiares se les atribuye siempre un lugar secundario y son degradadas simbólicamente. Vistas siempre como accesorias, se desarrollan sin apoyo institucional, en el marco de un enfrentamiento constante con el familiarismo del Estado y con el inconsciente familiarista tan anclado en los reflejos espontáneos. Baste pensar en las implicaciones de que exista toda una política familiar, prestaciones y reducciones fiscales familiares (pero no amistosas), la posibilidad, en la función pública, de conseguir acercamientos de cónyuges, pero no de amigos, leyes que condicionan estrictamente la transmisión del patrimonio fuera de la familia, por ejemplo las que obligan a legar una parte del propio dinero a los familiares.

Esos dispositivos de fomento de las relaciones familiares por parte del Estado (incluso después de la muerte) solo pueden basarse en una desvalorización y, por lo tanto, en una precarización de las demás formas de relación, que por eso mismo resultan menos fáciles de vivir y de mantener en el tiempo. Se ven simbólicamente como menos importantes, menos trascendentales, menos vitales. Degradados políticamente, los modos de vida no institucionalizados se degradan también científicamente. Sociólogos como Durkheim o Bourdieu, por ejemplo, han sido capaces de elaborar una teoría de la sociedad sin elaborar una teoría de la amistad. Cuando se pregunta sobre la multiplicidad de los grupos a los que pertenece un individuo, Durkheim menciona la familia, la patria, el partido político o la humanidad, pero nunca a los amigos; por lo tanto, los círculos de amigos se emparentan con tipos de sociedades epistemológicamente secretas, ocultas, indiferentes a la vista del sociólogo.[4]

Esa degradación simbólica, efectuada por lo general de manera más o menos latente e implícita en nuestras sociedades, se pudieron constatar en toda su brutalidad a través de las modalidades del establecimiento de las políticas de confinamiento que se produjeron en el mundo a partir de marzo de 2020 a raíz de la aparición de la epidemia de la COVID-19.

Y, sin duda, no es casualidad que el deseo de escribir esta obra haya surgido justo en ese contexto. El presente libro es en gran parte fruto de una insurrección contra el familiarismo integrado en el cerebro de los gobernantes, pero también de una gran parte de la sociedad, y de los peligros políticos concretos que representan el familiarismo y la minimización psíquica de las relaciones no conyugales o familiares.

Más o menos en todo el mundo, el periodo 2020-2022 ha significado la reconfiguración de nuestras formas de relación con los demás, y algunas de ellas se han presentado como indispensables, mientras que otras se han considerado superfluas e incluso peligrosas o, en todo caso, se han visto como lazos de los que se podía prescindir. En otras palabras, habría relaciones esenciales, naturales —las familiares, las parentales, las domésticas— y otras secundarias (que acaban viviéndose como ansiógenas) que deberían poder interrumpirse o mantenerse a distancia cuando así lo exige la «salud de la nación». Es como si esas relaciones no fueran legítimas, sino siempre fruto de una concesión.

No se está diciendo aquí que no hacía falta tomar medidas contra la epidemia de la COVID-19. Pero toda medida administrativa está siempre conformada por un inconsciente social y político que determina su establecimiento. Y quizá la rapidez con la que hubo que tomar esas medidas, el hecho de que tuvieran que promulgarse con carácter de urgencia, hace que se conviertan en un terreno privilegiado de exploración de ese inconsciente social cuyas pulsiones fundamentales se expresaron como si dijéramos espontáneamente, casi sin filtro. Con motivo de la cena de Navidad de 2020, por ejemplo, Berlín promulgó unas normas que pretendían limitar el número de personas autorizadas a reunirse y que se basaban en la noción de «parentesco en línea directa». En Francia se decretó un toque de queda para la velada del 31 de diciembre de 2020, pero no para la del 24 de diciembre; es decir, que la fiesta amistosa se consideró susceptible de ser eliminada, a diferencia de la fiesta familiar. La forma en la que se organizaron las medidas de confinamiento durante los años 2020 y 2021 puso de manifiesto la fuerza de la deslegitimación de todas las formas de vida no instituidas y familiares. La autorización de determinados contactos y la prohibición de otros reflejaba el temor psíquico dominante de los lazos que cada uno de nosotros mantiene con los demás: determinadas relaciones íntimas se codificaron como relaciones extrañas que ya no debíamos mantener. Uno podía atravesar todo el país para ir a ver o para ir a buscar a un hijo, pero estaba prohibido cruzar la calle para ir a ver a un amigo. Ocho personas podían vivir en una casa si formaban una familia, incluidos hijos y abuelos, pero se prohibió que se vieran dos amigos solteros o dos amantes que no vivían juntos pero que podía considerarse que formaban una pequeña unidad doméstica: entre ellos se interpuso un agente de policía.

Como muchas otras relaciones, la que mantenemos Didier, Édouard y yo, el ordenamiento que formamos, no pudo resistir a la gestión política de la COVID sino a través de un rechazo cotidiano de las reglas impuestas, de la entrada en una especie de ilegalidad y, por lo tanto, de un miedo permanente al control: salir con varios certificados en el bolsillo firmados a horas distintas, inventar pretextos, utilizar calles pequeñas por la noche... En *Homos*,[5] Leo Bersani dice que existe una dimensión antisocial de la relacionalidad gay. Lo que puso de manifiesto este periodo es más bien que existe una dimensión antigay de la relacionalidad social institucionalizada y que fue posible imponer la suspensión, la precarización y, por lo tanto, la destrucción potencial de los ordenamientos relacionales no familiares ni domésticos en nombre de la «salud» de la «sociedad», como si esos ordenamientos no formaran parte de la sociedad, como si pudieran desaparecer de ella e incluso, de hecho, tuvieran que desaparecer para que «la sociedad» pueda continuar existiendo.

4

Desde el punto de vista del psiquismo individual o de la política colectiva, las relaciones entre la vida familiar y la relacionalidad amistosa son complejas. Es imposible establecer una relación unívoca entre las dos, determinar qué forma o qué aspiración precede a la otra o se define contra la otra. Pero para llevar a cabo un análisis de la existencia es indudable que basta con constatar que todos nos enfrentamos siempre a la posibilidad de adoptar unos modos de vida diferentes asociados a unas relaciones con el mundo opuestas, y que, un día, algunos formarán parte de nosotros, de lo que somos, de la manera en que vamos a relacionarnos con los demás y a proyectarnos en el tiempo y en el espacio.

Por otra parte, en una charla sobre la amistad, Michel Foucault considera que podríamos utilizar el «modo de vida» como una categoría de análisis, como una herramienta para clasificar y caracterizar a los individuos igual que la clase social o la edad. Esa dimensión captaría unas características fundamentales de los individuos, diría algo de su orientación en el mundo, instauraría proximidades y distancias, virtuales o reales, en el espacio social y, por lo tanto, podría otorgársele el mismo estatus que a las demás variables sociológicas clásicas:

> ¿No habría acaso que introducir unos criterios de diferenciación distintos de los que constituyen las clases sociales, las diferencias de profesión o los niveles culturales? ¿Unos criterios de diferenciación entre los que estaría también la forma de relación y el «modo de vida»? Un modo de vida puede ser compartido por individuos de edad, condición y actividad social distintas. Puede dar lugar a unas relaciones intensas que no se parezcan a ninguna de las que están institucionalizadas, y yo creo de hecho que un modo de vida puede dar lugar a una cultura y una ética.[6]

Leyendo esta cita me he fijado, por ejemplo, en que Didier, Édouard y yo frecuentamos a más personas heterosexuales sin hijos (que pueden tener edades muy distintas) que gais o lesbianas que hayan decidido tenerlos, como si esa característica —tener hijos— arrastrara al fin y al cabo unas consecuencias e hiciera surgir unas afinidades más poderosas que otros condicionamientos que pudiéramos creer más importantes, como la orientación sexual, por ejemplo. Asimismo, Didier, Édouard y yo hemos perdido muchos amigos o muchas relaciones después de que los individuos, hombres o mujeres, con los que teníamos trato tuvieran hijos; a veces ciertas relaciones que habrían podido surgir en algún momento no llegaron a entablarse por ese motivo.

Esa realidad no es una simple consecuencia de las limitaciones materiales que se derivan lógicamente de la entrada en la vida conyugal y familiar: una mudanza a una casa o a un chaletito en la periferia, la adopción de horarios incompatibles con las salidas, el cansancio, la obligación de volver pronto a casa, la falta de tiempo libre… Todo ello supone un giro psicológico, una nueva orientación de la existencia, que acompaña la entrada en la vida de familia y en la identidad de padres, y esa metamorfosis comporta irremediablemente un alejamiento de la relacionalidad amistosa y de sus valores.

5

Tradicionalmente la crítica política de la familia que pretende cuestionar las consecuencias provocadas por el orden familiar en las psiquis individuales tiene como punto de partida la educación de los hijos. Reich o Horkheimer, por ejemplo, han defendido la idea de que la socialización familiar favorece el desarrollo de disposiciones mentales autoritarias (incluso fascistas). Mantendría un vínculo fundamental con la reproducción de las estructuras de dominio: «El principal lugar de gestación de la atmósfera ideológica del conservadurismo —dice Reich en *La revolución sexual*— es la familia autoritaria coercitiva». Todo el mundo pasa por la familia. Por consiguiente, la familia «influye al niño en el sentido de la ideología reaccionaria». Inculca en él una relación con la obediencia, con el reconocimiento de la fuerza, con la docilidad, y los efectos de esa «estructura servil» hacen que aquellos y aquellas que la padecen sean «incapaces de vivir en una verdadera democracia».[7]

Para captar las diferencias entre estilo de vida familiar y estilo de vida amistosa hay que completar el análisis oposicional tradicional del orden familiar que se centra en el niño con una investigación de las modificaciones psíquicas y físicas que provoca en los adultos

—padres o aspirantes a padres— la entrada en la vida familiar (o incluso la aspiración a ella).

Podemos percatarnos de la influencia que ejercen en los individuos los marcos cotidianos de la vida a partir de la teoría sociológica de la determinación material de la conciencia. La obra de Émile Durkheim arremete contra las concepciones simplistas y basadas en el espontaneísmo del individuo como ser dado de antemano que conservaría las mismas características con independencia de a qué grupos pertenezca. Como si el yo, sus características y sus potencialidades —e incluso, de hecho, aquello a lo que aspira— vinieran ya dados. La realidad es justo lo contrario. La mente individual se vuelve compleja e incluso se individualiza a medida que el «yo» se despliega en grupos distintos y múltiples. La individualización es un proceso, quizá incluso una conquista, que se acentúa a medida que la persona se desarrolla dentro de grupos cada vez más amplios y cada vez más variados. Habría que introducir a este respecto una especie de cuantitativismo: cuanto más se relaciona un individuo con otros grupos, más amplía su espacio mental y puede desarrollar una individualidad propia; y, si no, por el contrario, la individualidad de su conciencia individual se reduce. En *La educación moral*, Durkheim nos anima incluso a sociologizar la capacidad de acceso a la noción de persona: «Una persona no es solo un ser que se contenga; es también un sistema de ideas, de sentimientos, de costumbres, de tendencias; es una conciencia que tiene un contenido, y se es tanto más persona cuanto más rico en elementos sea ese contenido».[8] Una política de la existencia debe, pues, llevarnos a reflexionar sobre aquello que nos amplifica o bien nos mutila, nos complica o nos simplifica, nos ayuda a vivir o nos envenena (y el envenenamiento puede desembocar tanto en la parálisis como en la muerte). ¿En qué medida podría ponerse en entredicho la entrada en la vida familiar como un proceso que comporta socio-lógicamente una disminución y una estereotipación de la personalidad y del yo? ¿Esa forma de vida contribuye acaso a «helar» (Annie Ernaux habla de la mujer casada y dedicada a las tareas domésticas como *La mujer helada*) lo que somos, a congelar las identidades adoptadas e incluso las emociones vividas?

La entrada de uno en la parentalidad tradicional produce casi por sistema una orientación de la inversión psíquica que se hace en el hogar y la privacidad que no podríamos calificar nada más que como un retroceso y una restricción. La sociología ha puesto ampliamente en evidencia la existencia de una modificación brutal de los vínculos que mantienen los individuos a lo largo de su vida a raíz del matrimonio y del nacimiento del primer hijo. «Un hombre de entre dieciocho y treinta y cinco años sale en compañía de un tercero una media de doscientas doce veces al año. Si se casa, ya no sale más que cincuenta y ocho veces antes de los treinta y cinco años, y treinta y seis veces entre los treinta y seis y los sesenta años».[9] Es todo el universo mental lo que da un vuelco cuando uno se vuelca en la vida familiar, se produce una especie de gran encierro, de empobrecimiento del tejido relacional, sobre el que podemos preguntarnos si no estará también vinculado a una profunda modificación de la relación con la vida y con el exterior, y, por lo tanto, con la política.[10]

El análisis que dedica Bourdieu a la casa individual en *Las estructuras sociales de la economía* puede extenderse a la estructura familiar y al modo de vida que comporta. Esta obra se centra en la cuestión del mercado de la casa individual, pero Bourdieu la concluye de un modo casi profético —como profeta de la desgracia— planteando la cuestión de los fantasmas sociales que se encuentran en el principio del apego de una gran cantidad de parejas a poseer o incluso a hacer construir su propia casa y de las consecuencias psicopolíticas de tales aspiraciones. Todo lo que escribe Bourdieu acerca de la compra de la casa se puede aplicar estrictamente a la entrada en la vida parental.

La compra de una casa es un acto en el que se ve comprometido «todo el plan de una vida y de un estilo de vida». Y, así, dice Bourdieu, la casa individual funciona de hecho como una «trampa»:

> Tiende a convertirse poco a poco en el lugar de fijación de todas las inversiones: las que están implicadas en el trabajo —material y psicológico— que es necesario para asumirla en su realidad a menudo alejada de las previsiones; las que [la propia casa] suscita a través del sentimiento de posesión, que determina una especie de domesticación de las aspiraciones y los proyectos, en lo sucesivo limitados a la frontera del umbral y encerrados en el orden de lo privado, en oposición a los proyectos colectivos de la lucha política, por ejemplo, que siempre debían conquistarse contra la tentación del repliegue hacia el universo doméstico.

La célula familiar debe percibirse como lo que es: una entidad solidaria de una definición de la persona que enlaza con una ideología política: engendra una existencia centrada en «la educación de los hijos» y «el culto de la vida doméstica», y encarna el lugar de una especie de «egoísmo colectivo».[11]

6

Si cuando se convierte en un modo de vida y en una cultura autónoma la amistad posee una significación de oposición que permite acceder a otras formas de placeres y de sabores, y produce la aparición de un «yo» diferente del que habría surgido dentro de la socialización familiar, es ante todo porque funciona como una potencia de discrepancia respecto al universo doméstico. La amistad cambia la relación con el mundo y la forma de pensarse a uno mismo porque comporta un descentramiento físico de la existencia respecto al hogar y a lo privado, respecto a lo que el lenguaje denomina con tanta perfección «célula familiar».

El amigo es, por definición, aquel con el que salimos. Si Didier, Édouard y yo tuviéramos que elaborar una lista de los lugares que más presentes han estado en nuestra vida a tres, dentro de los que hemos pasado más tiempo, los cafés y las cervecerías ocuparían un puesto primordial, infinitamente más importante que el domicilio. El puesto central del café como espacio vital en la economía psíquica de aquellos y de aquellas que organizan su existencia en torno a la amistad aparece, por ejemplo, en las *Memorias* de Simone de Beauvoir cuando describe los encuentros que pautan de manera constante su vida con Sartre o, de forma más general, en los trabajos de historia de las vanguardias artísticas y de la vida bohemia. Sin duda, ahora podríamos vernos tentados a subrayar las condiciones económicas que exige el acceso a este tipo de vida, al que enseguida es preciso oponer la necesidad de tener también en cuenta los costes de la vida familiar y conyugal, y las sumas astronómicas que se zampan la educación y las ocupaciones de los hijos, por no hablar de sus costes ecológicos.

El café se presenta en cierto modo exactamente como lo contrario de la casa individual, tal como la analiza Bourdieu, y de los fantasmas a los que se halla vinculado este dispositivo: es un lugar de citas, es un espacio abierto, externo. Es un sitio al que también se puede ir solo para trabajar, para leer, pero en el que a menudo esa soledad se ve interrumpida por el paso de conocidos. Instalarse en el café es testimonio de una especie de disposición al encuentro, es colgarse públicamente un letrero que diga que está uno disponible para los demás. En *Nueva York gay*,[12] George Chauncey utiliza una fórmula muy bonita para evocar la vida gay de los años 1930-1940 en Estados Unidos. Como los gais no pueden vivir su sexualidad en casa, en privado, la viven fuera (en la calle, en los baños públicos, en los cines). Por consiguiente, ser gay en esa época es no tener vida privada más que en público. En cierto sentido, esa fórmula le va que ni pintada a la amistad como estilo de vida, que solo puede desarrollarse a través de una ruptura con el encierro dentro del universo doméstico y la adopción de una orientación psíquica vuelta hacia la salida, hacia el exterior: «Me siento más en casa en el café que en mi salón».

7

Cuando Spinoza planteó la cuestión de saber de qué es capaz un cuerpo, la asoció enseguida con la cuestión de las relaciones: todos estamos enfrentados de forma permanente a los demás. Los tipos de relación que establecemos con el otro nos afectan, y son esos afectos lo que nos lleva a experimentar alegría o tristeza, a sentirnos amplificados o, por el contrario, envenenados, o incluso paralizados, a movernos o a inmovilizarnos. Si la amistad puede representar un modo de vida oposicional e introducir una pequeña perturbación y un poco de alegría, de novedad, a un mundo marcado por la monotonía o la invariabilidad, no es solo porque traiga consigo una práctica del yo que mantiene una relación con el exterior y porque implique la ruptura con la forma «célula familiar». Es también porque produce una transformación en aquellos y aquellas que se comprometen con ella, unas formas de conexión sociales, unas maneras de relacionarse con los demás y de amar.

Cuando hablamos de nuestros tratos con los demás, empleamos por lo general palabras vagas como «lazos», «vínculos», «relaciones» que parecen transparentes en sí mismas. Pues bien, existe una multitud de maneras de hacer funcionar una relación entre dos o más que van a determinar su poder de afectar a los que la viven y pasan por ella. Hay modalidades distintas de la relacionalidad, y yo creo que la inclusión de la persona en una cultura de la amistad va acompañada de una resignificación de la práctica del lazo que la une con los otros, de la forma en la que nos relacionamos con ellos y de lo que buscamos a través de la práctica de la relacionalidad. No se trata de una decisión consciente, no llega un día en que uno se dice: «Quiero esto o lo otro». Se trata, una vez más, de una influencia que se ejerce de manera difusa y silenciosa. De hecho, la relacionalidad amistosa instaura en la práctica una disposición a relacionarnos con los demás de una manera específica que predispone a quienes se adhieren a ella a cultivar unas conexiones que van a desbordar los marcos y las identidades establecidos. La amistad como estilo de vida se convierte entonces en un principio de desmultiplicación del tejido relacional y sobre todo de su heterogeneización, antídoto práctico contra la calcificación social.

Me gustaría explicar esta idea partiendo de una anécdota. Hace varios años, de manera fortuita, mientras dábamos un paseo por la tarde, Édouard y yo nos dimos cuenta de que a veces compartíamos una experiencia extraña cuando manteníamos ciertas relaciones con los otros. Llamamos a aquella experiencia «el tercer ojo»: cuando hablamos con conocidos, cuando tomamos una copa o tenemos una cita, cuando cenamos con los organizadores después de una conferencia, sucede que, de repente, salimos mentalmente de la interacción y empezamos a vernos evolucionar dentro de ella como si la miráramos desde fuera. Como si estuviéramos dotados de un tercer ojo a través del cual nos viéramos interactuar a nosotros mismos. Esa exteriorización conduce a hacer que la relación resulte extraña o, en todo caso, a que el momento resulte distante, a veces agotador, pues todo lo que debería ejecutarse de la manera más natural se vuelve mediatizado, se percibe como un papel, como una comedia social. A veces, cuando salimos de un local después de tomar algo, uno le dice a otro: «No ha sido fácil, tenía el tercer ojo».

Me pregunto si esa desnaturalización de las formas normales de sociabilidad y de las interacciones cotidianas no es al mismo tiempo una consecuencia y un dato revelador de la forma en la que nuestra relación —de modo más global, la orientación en la vida que dicha relación ha construido— ha afectado a nuestra manera de establecer vínculos. La amistad como modo de vida conforma unos *habitus*[13] que conducen a sentir como si fueran difíciles unas relaciones cuya única finalidad es formal y predispone, por el contrario, a buscar aquellas que producen algo fuera de ellas y a través de ellas.

En *Cuestiones fundamentales de sociología*,[14] Georg Simmel plantea un análisis célebre de las formas de la relación social. Postula que esquemáticamente existen dos grandes modalidades a través de las cuales establecemos lazos unos con otros. En primer lugar están las relaciones basadas en los intercambios concretos, que están dotadas de una finalidad externa a ellas. Esos lazos basados en comunidades de interés o de necesidad, en intercambios de servicios o de bienes materiales o simbólicos, constituyen lo esencial de nuestras relaciones con los demás en su forma más genérica y cotidiana: en el trabajo, en el comercio... Al lado de esos lazos de naturaleza económica o profesional, que pueden mantenerse también dentro de la célula familiar, existe, según Simmel, otra forma de relacionalidad: la sociabilidad.

Se pueden desarrollar lazos de sociabilidad entre individuos que, por lo demás, hayan establecido relaciones basadas en intercambios (y es algo que sucede incluso muy a menudo), pero pueden darse también entre personas que apenas se conocen (durante una velada o un viaje, por ejemplo). La especificidad de un momento de sociabilidad deriva del hecho de carecer de toda finalidad concreta. La singularidad de esa práctica radica en el hecho de constituir un momento en el que se cancela el mundo social. Verse, cenar juntos o participar en una fiesta son situaciones en las que la relación con el otro está estructurada por el abandono de los intereses prácticos.

Para Simmel, la sociabilidad es una forma lúdica, sin finalidad, que se reduce a la creación continua de intercambios lingüísticos o de signos de afecto que tienen valor por sí mismos y, por lo tanto, son independientes del contenido de lo que se intercambia. La sociabilidad posee un valor formalista: se trata de experimentar el placer de estar juntos, con el otro, de gozar de su presencia como tal, de la conversación como forma cuasiarmónica. Y ese arte por el arte de la sociabilidad sufre la amenaza de un estallido precisamente cuando irrumpen intereses concretos (temas políticos o profesionales, etcétera), lo que explica que la buena educación lleve la mayor parte del tiempo a mantenerlos cuidadosamente alejados.

En la mayoría de los textos sobre la amistad —quizá incluso en su totalidad— encontramos de forma muy general la idea de que la amistad es tanto más pura cuanto más cerca está de la sociabilidad tal como la describe Simmel: un trato amistoso alcanzaría su máxima nobleza cuando lograra basarse en una especie de acuerdo ético entre los seres y cuando se opusiera en ese sentido a las relaciones instrumentales que establecemos a lo largo de nuestra vida, que estarían animadas por una lógica del interés y de la complementariedad. Amar al amigo sería amarlo como tal, por él mismo, con independencia de lo que pudiera aportar esa relación, de lo que pudiéramos sacar de ella. Buen ejemplo de esa larguísima tradición es la postura de Cicerón, según la cual hay que desear la amistad no con la esperanza de sacar provecho de ella, sino por todas las satisfacciones que contiene. No se ama uno a sí mismo con la pretensión de obtener una recompensa por el afecto que siente, sino porque es natural que cada uno se quiera a sí mismo. Y si eso no se traslada a la amistad nunca se encontrará un verdadero amigo: un amigo es como otro yo».[15]

Pero trazar semejante frontera entre la naturaleza instrumental o incluso interesada de una relación y su naturaleza ética supone no percatarse en absoluto de que una amistad no puede desempeñar una función creativa si no es a condición de inventar su propia razón de ser y, por lo tanto, si no comporta en sí misma e incluso más allá de sí misma unas apuestas políticas, afectivas y creativas para aquellos y aquellas que la viven. Una relación amistosa solo puede construirse como relación autónoma si los amigos se aportan algo mutuamente, si se amplían a partir del contacto con el otro en el sentido de Spinoza, si sacan de la relación algo que no encontrarían en otra parte, y, por consiguiente, si están interesados en ella.

Dicho de otra manera, hay una oposición entre el tipo de relacionalidad que hace funcionar la amistad que pretende ser creativa y lo que Simmel llama la sociabilidad, y, por lo tanto, en la teoría simmeliana de los lazos sociales falta una teoría de la amistad.

Las relaciones cuyo desarrollo se basa en la suspensión de un contenido explícito sirven de hecho para reconducir los lazos ya constituidos y sostenidos por el mundo social. Esas relaciones no producen su propia necesidad. No hacen más que redoblar, en el plano interpersonal, lo que ya está instituido en el plano estructural de las pertenencias (familiares, locales, etcétera) o de las funciones (profesionales), de modo que la relación no tiene nada que aportar ni que crear porque todo está ya ahí, ya está dado, ya ha sido impuesto... Como su contenido se sitúa fuera de ellas, para ser no necesitan razón de ser. La sociabilidad constituye un tipo de trato con el otro que mantiene unas relaciones establecidas de antemano (el almuerzo en familia, la cena en sociedad, la fiesta de empresa). Desde ese punto de vista, la sociabilidad es estructuralmente funcional y conservadora. Consolida el orden establecido de las cercanías y las distancias, de las identidades y los papeles, de los intercambios y los intereses. Amar la sociabilidad es amar el mundo social y lo que ha hecho de nosotros.

Por el contrario, una relacionalidad que se establece en contra de los marcos establecidos de la existencia y fuera de ellos, en contra de las rutinas familiares y profesionales y fuera de ellas, y de todo lo que se nos impone, debe desarrollarse por fuerza a través de un gesto de alejamiento de la idea de sociabilidad, de la práctica de la sociabilidad como arte que no tiene más finalidad que ella misma. Cuando Édouard y Didier hablan de las dificultades psíquicas que experimentan cuando vuelven o cuando volvían a veces a casa de su familia y la forma en la que viven o vivían la sociabilidad familiar como una prueba casi insuperable, la explicación en términos de distancia de clase parece la más evidente. Pero, al sentir yo también exactamente ese mismo tipo de afección cuando a veces participo, a pesar de mis muchas reticencias, en determinadas ceremonias familiares (la conversación inútil centrada en los niños y su educación, y luego en la actualidad profesional de unos y otros, y finalmente en ciertos sucesos de actualidad), me pregunto si el carácter compartido y similar de esas dificultades no es tal vez testimonio del hecho de que entrar en una vida marcada por la relacionalidad amistosa hace casi imposible la sumisión a la sociabilidad, y en especial a su forma más extrema, que es la sociabilidad de tipo familiar que contiene numerosos elementos transversales con las clases sociales.

Entender la amistad como una práctica social que encuentra su significado en los efectos que produce en el conjunto de los marcos de la existencia permite escapar al dilema subrayado por Barthes en su seminario preparatorio de *Fragmentos de un discurso amoroso*, en el que evoca un escollo siempre presente en el análisis de la sentimentalidad, a saber, que «el análisis frío (histórico-sociológico)» funciona a modo de «pantalla (censura)» de un «análisis caliente (existencial)».[16] De todo ello deducía Barthes la idea de que el amor era un sentimiento que debía afirmarse, mostrarse y describirse de manera única, pero nunca explicarse. Desde el momento en el que intentáramos explicar el amor, lo remitiríamos a algo distinto de él, lo someteríamos a un lenguaje científico que lo reduciría y, por lo tanto, tendríamos que pasar por alto su intensidad, lo que es y lo que hace que sea el «amor», sentido como tal en lo más profundo de nuestro corazón y de nuestra conciencia.

Pero ¿esa oposición clásica que retoma Barthes entre explicación social y descripción fenomenológica de un sentimiento no puede acaso ser superada desde el momento en que se entiende la relacionalidad desde el punto de vista de lo que produce? Y si fuera la fuerza oposicional de la creación relacional (objetivable a través del análisis) que se construye gracias al amigo que era amado en la relación y no el amigo como tal, ¿no sería acaso solo porque la persona nunca es ni un «yo» ni un «otro «aislado», sino que se encuadra siempre en unos espacios particulares, de modo que ninguna relación llega a tener sentido real y vivido más que en función de su acoplamiento con los espacios de la vida y con la forma en que se desarrolla en ella? Estudiar la amistad desde el punto de vista de su función íntima, social y política permitiría proponer un análisis de la sentimentalidad que se desarrollaría a partir del problema de los efectos más que de las causas. Entonces, en contraposición al argumento de Barthes, según el cual el sentimiento no puede explicarse so pena de ser reducido y por lo tanto destruido, cabría postular que es posible explicar un sentimiento a condición de considerar que lo que se ama es tal vez no tanto al otro como tal cuanto la práctica afectiva y lo que esta aporta, lo que hace para aquellos que se aman a través de ella. Dicho de otro modo, lo que se ama en una relación sería también su función social y política. Y el sentimiento afectivo aparece como la traducción subjetiva de una relación con un ordenamiento objetivo, de la manera en que un sujeto que se encuentra en una relación experimenta las consecuencias que esta ejerce sobre él.

La articulación fundamental que se establece en la amistad entre los afectos sentidos hacia otro y la función de la relación es también lo que explica la precariedad de esas relaciones y su duración con frecuencia efímera. Mantener eternamente vivo el carácter creativo de un ordenamiento entre varios seres es por definición casi imposible. Así, como es lógico, las relaciones amistosas se desmoronan con el tiempo, desde el momento en que dejan de ser creativas, desde el momento en que dejan de contribuir a una ampliación del yo y del otro en un proyecto o una aspiración común. O bien van transformándose poco a poco en su contrario para convertirse pura y simplemente en relaciones de sociabilidad. Al contrario de lo que decía Cicerón, para quien no es posible perder a un amigo, pues, si se pierde, es que no se trataba de un verdadero amigo, pues tal amistad sería contingente, dependiente de las circunstancias y por lo tanto, según él, ficticia, cabría postular que la idea de pérdida es consustancial a la idea de amistad verdadera. Las únicas relaciones que no se pierden son las relaciones que nos son impuestas por el mundo social. Con mucha frecuencia, ser fiel a la amistad como práctica social y definición de uno mismo también es, por consiguiente, saber abandonar ciertas relaciones que han podido ser importantes en determinados momentos de la vida, dejarlas atrás cuando ya no producen los efectos de desajuste o de ampliación de uno mismo que constituían su razón de ser, para encontrar otras nuevas que desempeñarán, a su vez, esa función.

Práctica autofundacional, la amistad creadora representa un espacio de vida dentro del cual amar a alguien es amar precisamente lo que aporta. Es buscar siempre en el otro lo que nos enseña, el hecho de que nos permita convertirnos en otro, conocer o ver otra cosa. Es la razón por la que la aspiración a la amistad se opone al fantasma de la vida en comunidad. Supone una ausencia de clausura, una transitividad del lazo y el hecho, en cierto sentido, de estar dispuesto a trabar otros lazos. En la relacionalidad amistosa hay algo que tiene que ver con la búsqueda.

En el marco de la relación entre Didier, Édouard y yo, evidente aunque no únicamente, la actividad de la escritura representa el terreno que permite que la relación de afecto funcione también como lugar de intercambio y de ampliación de uno mismo, y que la lleva a encuadrarse en el meollo de nuestras existencias, cuestión de la que hablaré en el apartado siguiente.

Aquí más bien querría insistir en el hecho de que, desde el punto de vista de la formación de una política de la existencia, hacer de la amistad un estilo de vida conduce necesariamente a incorporar disposiciones y afectos, a sentir intensidades que hacen que nos alejemos de unas relaciones de sociabilidad que no aportan nada para cultivar unos lazos en los que las afinidades se basan en una especie de aprendizaje permanente de otros mundos, de otros proyectos, de otros desafíos. Si bien se ha pensado mucho en las pulsiones fundamentales que actúan en la vida sexual y amorosa, también habría que intentar analizar la pulsión que sostiene la vida amistosa y anima a cultivarla. Y yo diría que en el afecto propio de la amistad está el deseo de ampliarse, de aprender, de contemplar proyectos distintos: la aspiración a una especie de educación permanente de uno mismo en el sentido que la tradición del perfeccionismo moral da a esta palabra, o sea, a diferencia del enfoque ingenuo de la amistad como espacio desinteresado en el que cada uno ama a otro yo o sus puras virtudes, enfoque que marca todo el pensamiento desde los tiempos de Cicerón.[17]

Hasta el punto de que casi podríamos vernos llevados a preguntarnos si, desde una perspectiva sociológica, la amistad podría compararse en la vida adulta con el papel que desempeña la escuela en la vida del niño, el espacio posible de la transformación del sujeto y de la probabilidad de convertirse en otro. En *La educación moral*, cuando Durkheim reflexiona acerca de las formas de acción concebibles para cambiar la sociedad, llega a afirmar que, a fin de cuentas, solo aparece la escuela como espacio en el que parece posible una acción eficaz. Esa efectividad de la acción escolar radica en el hecho de que puede producir en aquellos y aquellas que van a la escuela un desajuste entre las estructuras mentales que aprenden en ella y las que incorporan en el seno de la familia, y ese juego hace posible la modificación primero de la conciencia individual y después de la de todo el mundo. Es una institución en la que una persona puede llegar a convertirse en algo distinto de aquello a lo que la destinaba su socialización primaria. Después, opina Durkheim, es demasiado tarde: las costumbres están demasiado arraigadas. ¿No podría acaso la amistad como cultura, como espacio de encuentro entre individuos que se aportan mutuamente conocimientos, proyectos, historias, etcétera, ser una especie de espacio de educación recíproca? ¿No debería una sociología que se interesa por la transformación social hacer de la amistad, junto con la escuela, un espacio esencial en el que invertir?

9

Una vida que se organiza en torno a la relacionalidad amistosa se ve irremediablemente impulsada por una lógica de la exterioridad y del encuentro. Incita a buscar lo que nos amplía y, por consiguiente, a salir de uno mismo y de los propios campos de pertenencia que se le imponen. Evidentemente no soy ingenuo y no es cuestión de negar los condicionamientos sociales del encuentro. No todas las relaciones son igualmente posibles o concebibles. Pero hay también orientaciones éticas que conducen, sobre todo en los campos culturales, dentro del conjunto de las relaciones posibles, a cultivar algunas de ellas más que otras, a aceptar algunas invitaciones antes que otras, a acudir o a huir de determinadas cenas «mundanas», fiestas o charlas…

Cuando hago un repaso de las personas con las que Didier, Édouard y yo hemos tenido trato durante los últimos años, ya sea cada uno por su lado o bien juntos, me doy cuenta de que todas las personas con las que hemos entablado las relaciones más fuertes no solo están particularmente entregadas a un determinado campo de creación, a veces de manera obsesiva, sino que también y sobre todo están comprometidas con otros ámbitos distintos a los nuestros: el arte, el teatro, el cine, la política. Nuestros amigos no son solo universitarios o escritores. Frecuentamos también a directores de cine y de teatro, a músicos, actores, activistas... con los cuales nos sentimos bien.

Debido a la diversidad de lo que escribimos o a nuestros compromisos y, por lo tanto, a las invitaciones a las que nuestras actividades dan lugar, cada uno de nosotros debe moverse en círculos distintos, conocer a gente y entablar relaciones específicas. Pero el hecho de que vivamos y salgamos juntos tiene como consecuencia también que casi siempre cada uno acabe por conocer a los conocidos de los otros dos. Las relaciones de uno se convierten a menudo también en las relaciones de los demás, a veces de forma harto precaria y puntual, y a veces, por el contrario, de forma duradera. Las personas que conoce uno se convierten en caras y nombres de los que a veces hablamos los tres, y entonces pasan a formar parte de nuestro espacio mental compartido, de nuestro entorno. Durante meses, justo después de su llegada a París, hablamos a Édouard de Mathieu Lindon, de Judith Butler o de Leo Bersani, porque Didier era amigo de ellos desde mucho antes de que nos conociéramos. Antes de que Édouard los conociera realmente, ya habíamos tenido varias conversaciones a tres sobre Mathieu, Judith o Leo. Más tarde, cuando Édouard entabló una estrecha relación de amistad con Sophie Calle o con Tash Aw, ocurrió lo contrario: hablábamos de Tash o de Sophie, aunque Didier y yo no los conocíamos todavía. Pero esas conversaciones se desarrollaban con la evidencia de que cada uno de nuestros conocidos formaba parte ya de la vida de los demás. Cuando Thomas Ostermeier adaptó al teatro

Quién mató a mi padre, la novela de Édouard, le preguntaron cómo se habían conocido. Contestó que unos años antes había estado trabajando en la adaptación de *Regreso a Reims*, de Didier, y que, como viajábamos siempre los tres juntos, aquello lo llevó evidentemente a conocer a Édouard y a leer su libro en cuanto se tradujo al alemán.

Cuando estamos juntos con otras personas, una de las emociones que experimento con frecuencia tiene que ver con el placer de constatar que nuestra relación ofrece un lugar en el que se fabrican afinidades entre personas o entre mundos que, de otra forma, habrían permanecido alejados y separados unos de otros. La sociología de las redes sociales se ha volcado mucho en el carácter a menudo cerrado y centrado en sí mismos de los vínculos que establecen los individuos a lo largo de su existencia. Llama «puente» a los individuos que ocupan unas posiciones tales que les permiten conectar unos espacios que, sin ellos, no estarían en contacto, que acortan las distancias sociales y, por consiguiente, mentales. No son los individuos como tales quienes poseen características que los llevan a convertirse en puentes. Son los modos de relacionalidad que practican lo que los sitúa en esa posición. Cultivada como espacio acumulativo y transitivo, la amistad trae consigo la posibilidad de generar un ordenamiento del mundo distinto del que construyen las fronteras profesionales, generacionales o nacionales. Permite componerlo de otra forma, trazar unas líneas distintas, unir la vida de los autores a otras vidas y, entre ellas, unir esas otras vidas a través de esos lazos. Y, quién sabe, de esa forma engendrar la irrupción de un poco de novedad y movimiento en ese espacio tan reglamentado que llamamos sociedad.

Salir del mundo para recomponerlo mejor, plegarlo, des-ordenarlo: esa podría ser, en cierto sentido, la fórmula práctica de la amistad como utopía práctica realizada.

Mientras preparaba este libro encontré esta fotografía tomada por Stanislas Nordey tras el estreno de la adaptación de Quién mató a mi padre en el teatro de la Colline, en marzo de 2019. De inmediato me chocó la forma en la se reúne en ella tanta gente de mundos tan distintos y cuyo encuentro es socialmente muy improbable, gente de la política y del arte contemporáneo, del cine y de la militancia, del teatro y de la música: desde Sophie Calle hasta Assa Traoré, desde Danièle Obono hasta Emmanuelle Béart, desde Stanislas Nordey hasta Woodkid... Más allá del aspecto siempre algo estereotipado de esta clase de fotos, me parece que nos ofrece como si dijéramos una representación típica de la capacidad que tiene la amistad, como espacio de creación relacional y de transitividad de los lazos, de formar un dispositivo que repliega y reconfigura el mundo, que crea acercamientos entre campos y seres que, sin ella, habrían sido casi imposibles.

A uno y otro lado de Stanislas Nordey, Assa Traoré, Youcef Brakni, Woodkid, Emmanuelle Béart, Sophie Calle, Sergio Coronado, Félix Maritaud, Danièle Obono, Serena Carone, Frédéric Chaudier.

10

Un ordenamiento amistoso no es nunca una «familia alternativa» o una «familia elegida». Cualquier vocabulario familiar utilizado para designarlo constituye un contrasentido. Desde un punto de vista social y político, se presenta exactamente como una antifamilia: un principio de existencia que funciona con vistas a la desmultiplicación, a la invención, a la conexión del tejido relacional, y no con vistas a la rarefacción y a la calcificación de las identidades.

Si bien la estilización amistosa de la vida se opone al modo de vida familiar, me gustaría subrayar que tampoco puede convertirse en una cultura autónoma salvo a condición de ir acompañada de cierta redefinición de la práctica amorosa y de la pareja. Nada se escapa realmente a lo que la amistad creadora debe redefinir para poder salir a la superficie y dar vida a los pequeños grupos contraculturales que se constituyen a través de ella. Y en la amistad hay algo que exige una ruptura con la conyugalidad, con los efectos psicológicos que comporta la cristalización de una relación en la forma de pareja tradicional, y, por lo tanto, una ruptura con muchas de las imágenes del amor que circulan en nuestras sociedades y a las que podemos creer que estamos obligados a corresponder para vivir una vida amorosa aparentemente lograda.

Cuando leemos los *Fragmentos de un discurso amoroso*, de Roland Barthes, que se presenta como una forma de exploración del sentimiento amoroso, constatamos de inmediato hasta qué punto el amor enlaza en nuestras sociedades con una lógica de la fusión y del encierro. El amor es la pareja. El amor es a dos. El libro de Barthes permite calibrar hasta qué punto hay en la vida amorosa y en la forma pareja algo que tiende a articularse en torno al fantasma de la clausura. Tanto es así que la investigación del amor puede desarrollarse ignorando por completo lo que existe y ocurre fuera de la pareja, en ese terreno exterior a ella que surge solo negativamente, en la figura del rival o de aquello de lo que sentimos celos, de lo que nos amenaza. La exploración del sentimiento amoroso se lleva a cabo a puerta cerrada, en un terreno interior dentro del cual, además, el sujeto deja enseguida de hacer frente a otro para enfrentarse solo a sí mismo; y el amor se convierte en un espacio de drama, de disputa, de angustia…

La construcción de uno mismo como sujeto inserto en un modo de vida amistoso no puede producirse si no es tomando distancia con la forma pareja o más bien con lo que podríamos llamar la *conyugalización* de la pareja. La amistad se expresa en la producción de vínculos, en la apertura, en la experimentación, y su existencia supone, por lo tanto, poner fin a la lógica de la puerta cerrada amorosa (y a todos los efectos de la rutinización que comporta).

Un documental dedicado al diario de Andy Warhol ha sabido expresar perfectamente la tensión que existe entre esas dos aspiraciones cuando a finales de los años setenta Warhol y su compañero, Jed, entran en conflicto, en un momento en el que Warhol se sentía atraído por una vida caracterizada por salir mucho, por multiplicar los encuentros con otros, mientras que Jed aspiraba a llevar una vida conyugal centrada en ellos dos y a pasar las veladas en casa los dos solos. La tensión entre ellos crece cada día ante el carácter irreconciliable de esas dos aspiraciones. Es tanta que Jed intenta suicidarse varias veces, hasta que por fin decide irse y establecerse con otro chico.

Dicho de otro modo, no cabe elaborar una teoría de la amistad tal como se concibe —como se hace tantas veces— a través de la figura del dos (porque era él…). Pues en ese momento la reflexión está sesgada por el hecho de pensar la amistad según el modelo del amor. Ahora bien, lejos de ser sentimientos similares o afines, como se presupone tantas veces, en general, el amor y la amistad tienden a tomar direcciones opuestas. El concepto de amistad creadora va unido consustancialmente a su vinculación con la idea del exterior, de salir, de conocer gente, mientras que el del amor y el de pareja se vinculan con la del encierro y el interior. Lo que hace que, desde un punto de vista existencial y cultural, nos preguntemos si tenemos razón cuando imaginamos siempre que hay que asimilar la amistad al amor para elogiarla, o que la amistad será más elevada y más pura cuanto más se parezca al amor. Por el contrario, ¿no sería más interesante intentar hacer amistoso el amor, vivir las relaciones amorosas según el modelo de la amistad?

Hacer de la amistad un modo de vida no quiere decir que uno no pueda estar enamorado o en pareja:

Didier y yo formamos una pareja, y Édouard, por su parte, también está en pareja. Pero nuestra relación a tres y la posibilidad que tiene dicha relación de convertirse en un principio de vida ha supuesto en cierto modo un descentramiento de la existencia con respecto a la vida en pareja. Ninguno de nosotros vive con su compañero, lo que tiene como consecuencia que no exista el lugar de la pareja: la pareja no se ha constituido como el espacio central de la producción de la subjetividad, como el sitio del que se parte y al que se vuelve, como el sitio de la fijación de los intereses psíquicos fundamentales. No es un centro, no es una puerta cerrada, no es el espacio a partir o en función del que uno lleva su vida. Es uno de los aspectos de la existencia, esencial, desde luego, pero que no se convierte nunca en un «interior» que chupa las energías en detrimento del establecimiento de otras conexiones.

A partir de esa idea, según la cual existe una oposición entre una práctica de la relacionalidad guiada por los valores de la amistad y la forma pareja o la conyugalidad, podríamos sin duda tener la tentación de deducir determinadas consecuencias desde el punto de vista de la sexualidad. ¿Hacer de la amistad un modo de vida comporta también todo un conjunto de efectos sobre la sexualidad, la fidelidad, la multiplicidad de parejas? No considero que sea legítimo ir en esa dirección. No existe un vínculo directo entre sexualidad y modo de vida, e incluso hay cierta autonomía de esas dos dimensiones de la existencia. Todo el mundo sabe que uno puede mantener relaciones sexuales con su compañero o compañera para luego dejar de hacerlo y seguir en pareja; puede uno mantener una relación amorosa con alguien con quien no hace el amor o con quien ya no hace el amor; puede uno hacer el amor con personas a las que no conoce y cuyo nombre incluso ignora; puede uno hacer el amor con personas que después se convertirán en amigos; puede uno ser amigo o hacerse amigo de alguien con quien mantiene relaciones sexuales y seguir siendo su amigo o convertirse en su pareja; puede uno llevar una vida sexual oculta no conformista y mantener al mismo tiempo un modo de vida ultraconformista o al revés... Todos los ordenamientos son posibles y concebibles. Todos han existido y sin duda existen muchos más de los que se han teorizado o de los que podríamos imaginar. Esa autonomía de la sexualidad con respecto a los distintos modos de existencia llevaría, por lo demás, a deducir que la sexualidad probablemente sea una de las actividades menos significativas y menos comprometedoras de todas las que realizamos a lo largo de nuestra vida. Por consiguiente, para elaborar, como intento hacer aquí, una reflexión sociopolítica sobre la amistad y sobre las formas de vida, no es necesaria la intervención de la sexualidad. Como por lo demás he subrayado ya, incluso las afinidades de orientación sexual, que tal vez podríamos considerar esenciales, desempeñan a fin de cuentas un papel decisivo: si bien es cierto que Didier, Édouard y yo compartimos la misma orientación sexual, también es verdad que compartimos más lazos con heterosexuales que no han entrado en la vida familiar que con gais que sí la han adoptado.

11

El rechazo de la organización institucionalizada de la vida y de los efectos restrictivos de la conyugalidad y de la parentalidad podría interpretarse como una especie de aspiración a la prolongación de la juventud y de la vida estudiantil: hacer de la amistad un modo de vida sería negar la vida «adulta», prolongar los tipos de sociabilidad y de relación con el mundo que caracterizan la vida estudiantil, sobre todo en el seno de la clase media urbana.

En cierto sentido hay algo de verdad en esa descripción, porque, con anterioridad a la vida de pareja y a la vida de familia, la juventud es un momento de la existencia caracterizado por la cultura de los lazos amistosos. Pero no es totalmente exacta y podría llevar a pasar por alto lo que representa el interés de la amistad como fuerza inventiva.

En un texto sobre la vida de los estudiantes, Walter Benjamin propone además que la construcción de la juventud en torno a la amistad, a las salidas, al exceso, etcétera, no debe verse en definitiva como una ruptura, ni siquiera temporal, con lo que él llama impropiamente el modo de vida «burgués», pues esa dinámica la encontramos en todas las clases sociales. Si se adopta un punto de vista global, ese momento representa la puesta en escena de un paréntesis: la transgresión estudiantil como fase que solo existe como tal porque se concibe como provisional: «Como [los estudiantes] le han vendido el alma a la burguesía, junto con la profesión y el matrimonio, exigen unos años de libertad burguesa».[18] Dicho de otro modo, la vida estudiantil no es invención. Es negación de la vida adulta, y esa negación contiene ya en su interior su propia negación; se halla estructurada por la anticipación de su renuncia, razón por la cual los padres de la pequeña o de la alta burguesía controlan finalmente muy poco los excesos de sus hijos, que incluso los fomentan, conscientes de que, en el fondo, esos excesos son testimonio de un conformismo ante lo que se esperaba de ellos a esa edad, en ese momento de la vida que predice su conformismo ante lo que se esperará de ellos más tarde.[19]

Quizá uno de los criterios esenciales para concebir la forma en la que la amistad creadora lleva a inventar un modo de existencia específico y no a volver al que se asocia con la juventud resida en el cuestionamiento que esta hace de las fronteras generacionales y de las limitaciones que imponen a las experiencias vividas. El edadismo es una pasión enormemente poderosa: el estilo de vida estudiantil es uno de los más homófilos desde el punto de vista de la edad, y hay estudios que además demuestran que las relaciones amistosas tradicionales tienden a ser las más homogéneas desde el punto de vista de la edad (lo son más que las de pareja).

En *La sociedad como veredicto*,[20] Didier analiza la manera en la que la relación entre individuos de generaciones distintas constituye, por el contrario, una forma clásica de la relacionalidad gay, tanto si está basada en la sexualidad como si no. Menciona, por ejemplo, los la-

zos que unieron a partir de la década de 1950 a Michel
Foucault, que por entonces tenía unos treinta años, y al
mitólogo Georges Dumézil, que era treinta años mayor
que él... Evoca asimismo la forma en la que, más tarde,
a Foucault le gustó a su vez rodearse de un círculo de
jóvenes con los que entablaba vínculos afectivos e intelectuales a un tiempo, costumbre de la que daría testimonio
Mathieu Lindon en su libro *Lo que significa amar*.[21]

Con mucha frecuencia esos tratos intergeneracionales se describen a través de un vocabulario familiar: se
conciben como «familias alternativas». Mathieu Lindon habla de «familia amistosa» o de «familia de ficción», la que se convertiría en su «familia de verdad». En
esa relación, al mayor es presentado como una especie
de «padre sustitutivo» o de director espiritual. Didier
señala que, cuando escribía a Dumézil allá por la década
de 1950, Foucault encabezaba sus cartas con un «Padre
mío». Y me contó que, cuando él llamaba por teléfono a
Pierre Bourdieu a lo largo de la relación que mantuvieron
durante más de veinte años, si la que descolgaba era su
mujer, llamaba a su marido diciendo: «Pierre, tu cuarto
hijo está al aparato».

Didier hace hincapié en que esa noción de las relaciones intergeneracionales expresada a través de un
vocabulario familiar se basa en el hecho de que no existe un lenguaje para designar los lazos que unen a dos o
más personas de generaciones distintas fuera de las
formas institucionalizadas. Podemos comprobar también que la noción de este tipo de relación viene
marcada a menudo por un sesgo perceptivo que presupone que serían necesariamente los de más edad los
que aspirarían al contacto con los más jóvenes y no al

revés (prejuicio que encontramos en la suspicacia, por lo demás tan extendida, que suscitan las relaciones sexuales entre personas de edades diferentes).

Suele interpretarse la cultura de la relación intergeneracional como una manera que tienen los de más edad de permanecer en contacto con la juventud para resistir a las poderosas fuerzas del envejecimiento social. Se trata a todas luces de un factor importante. Pero ese factor psicológico no basta para comprender lo que está en juego en ese tipo de relaciones. Una de las experiencias que hacen posible la relación intergeneracional es también, para los más jóvenes, la de estar en contacto con los de más edad. Encuentra entonces cada uno de algún modo una posibilidad de distanciarse de las identidades y de los comportamientos asociados habitualmente con las diferentes edades de la vida, de no ser prisionero de determinados papeles o de determinadas imágenes de uno mismo y de las limitaciones que provocan. El tipo de relación que establecemos permite vivir unas experiencias o adoptar unas actitudes experimentadas generalmente en etapas distintas de la vida: tener al mismo tiempo veinte, treinta, cincuenta años… No se trata de «prolongar la juventud» ni de envejecer de forma prematura. Vivir con intensidad junto a personas de una edad distinta abre las puertas a una acumulación de experiencias y de relaciones con el mundo que no permite una relación en la que todos tienen la misma edad. No se trata, pues, aquí de homogeneizar, sino, por el contrario, de pluralizar. Didier puede volver a su casa a las cuatro de la madrugada después de haber bebido demasiado, cantando canciones y riéndose de los comentarios burlescos, comportamiento que suele atribuirse a la adolescencia, y Édouard ha podido adoptar desde que tenía diecinueve o veinte años una actitud seria y exigente respecto al trabajo y la escritura, una seriedad que caracteriza más bien, según las percepciones habituales, a la edad adulta (no ir a bares, pasar la velada solo leyendo en vez de salir los fines de semana, etcétera).

Los comportamientos asociados habitualmente con la edad ya no son el reflejo de propiedades biológicas, sino, en gran medida, de posiciones sociales ocupadas en los espacios sociales y formas adoptadas de la sociabilidad: no es el hecho en sí de ser biológicamente joven, sino de ser el que acaba de hacer su entrada en un determinado campo o de adoptar un modo de vida más libre lo que conduce a situarse del lado de la invención, del movimiento, de la desestabilización.

La relación como forma intergeneracional interna y externa, dentro de ella y en los encuentros que provoca y hace posibles (la edad de las personas que frecuentamos juntos y cada uno por su lado va de los diecinueve a los noventa y cinco años) instaura una cultura de la mezcla, de la hibridación, que genera un modo de vida autónomo tanto respecto del modo de vida estudiantil como del modo de vida adulto, cuya complicidad social y psíquica subrayaba Benjamin. Difuminar las fronteras de la edad permite que unas actitudes propias por lo general de etapas diferentes de la vida se vivan simultáneamente y no como fases, como parcelas de la propia persona, que constituyen en conjunto lo que somos y que, por esa razón, pueden perdurar en el tiempo dentro de un mismo ser y convertirse en el hogar de la invención de una identidad singular.

CAPÍTULO IV

La vida para escribir

1

La importancia que la amistad ha llegado a tener en nuestra existencia, en la de Didier, en la de Édouard y en la mía no habría sido la misma, desde luego, si no estuviéramos unidos por la actividad de la escritura. Por lo demás, no habría sido posible sin esa práctica compartida o, en todo caso, no habría alcanzado nunca el mismo grado de intensidad. El hecho de que los tres seamos escritores no constituye un elemento más de nuestra relación. Esa circunstancia representa a la vez la condición y el destino de nuestra amistad, lo que la ha hecho posible y lo que la mantiene, lo que le confiere su contenido, pero también su sentido existencial y su necesidad.

Por supuesto, no cabe subestimar, ante todo, los condicionantes materiales que explican la imbricación existente entre creación simbólica y creación relacional: la escritura y el trabajo intelectual exigen cierta cantidad de condiciones que, por lo demás, solo se tienen en cuenta, y muy raramente, en la sociología de la cultura. No se pueden conseguir sin ellas. Al mismo tiempo habría que decir que un tipo de vida permite consagrarse a la escritura, pero también que una determinada aspiración a la creación engendra el deseo y la necesidad de inventar un tipo de vida, de mantener una relación distinta con el tiempo, con las obligaciones sociales, con las preocupaciones de la existencia. He visto a muchos conocidos quejarse de no tener tiempo para escribir…, pero, en cambio, habían escogido tener varios hijos… ¿Cuántas obras no han visto nunca la luz del día porque, antes que ponerse a trabajar, había que ir a jugar al parque, organizar una merienda de cumpleaños o aburrirse en comidas familiares? ¿Cuántas obras se han abortado debido al nacimiento de los hijos?

Cuando Flaubert afirma con acierto que «la inspiración consiste en ponerse delante de la mesa de trabajo todos los días a la misma hora», ¿no significa acaso que existen unas condiciones de acceso a la aspiración? Sin duda, no se puede llegar tan lejos y decir que convertirse en escritor supone alejarse de las formas de vida familiar y parental, pues la historia desmentiría semejante aserto. Pero al mismo tiempo no hay que subestimar las limitaciones que imponen dichas formas. Toni Morrison ha afirmado a menudo, por ejemplo, que tenía que levantarse al amanecer para poder escribir antes de que se despertaran sus hijos y que, muchas veces, soñaba con que viniera alguien a ocuparse de ellos en su lugar para tener el tiempo necesario y la tranquilidad a la que aspiraba. ¿Cuántos hombres heterosexuales han podido consagrarse a su obra porque delegaban la totalidad del trabajo doméstico y del cuidado de los hijos a su mujer? ¿Y cuántas mujeres se han visto privadas de la posibilidad de escribir por esas mismas razones?

El hecho de que nuestra relación funcione a través de una articulación total entre escritura y amistad no deriva solo de esas consideraciones materiales externas.

La amistad no debe reducirse nunca a un accesorio de la vida de escritor, como si no fuera más que un espacio de entretenimiento, de descanso, de ocio, o una condición de posibilidad. Participa no solo en la elaboración de la obra, sino también en una relación con el campo cultural, en un *habitus*, en una manera de estar en el mundo que dan forma enseguida a nuestros escritos. Cuando se convierte en un modo de vida imbricado en la actividad de creación simbólica, la creación relacional afecta a las maneras de pensar, a los modos de escribir, a la relación con las instituciones.

En un libro sobre la relación que unió a David Hume y Adam Smith, Dennis Rasmussen constata la existencia de una tendencia a marginar el lugar de la amistad en la historia intelectual como si se tratara de una dimensión secundaria. Señala que los biógrafos de estos dos autores no recuerdan casi nunca esa relación que, sin embargo, llegó a unirlos profundamente durante casi treinta años, mientras que consagran páginas y páginas a polémicas anecdóticas o periféricas. Personalmente, fue leyendo este libro cuando tuve yo noticia de la existencia misma de esa complicidad.[1]

Rasmussen constata, por ejemplo, que los historiadores han publicado numerosísimos estudios sobre la polémica que enfrentó a Hume y a Jean-Jacques Rousseau en 1776. Rousseau buscaba por entonces protección y asilo para poder vivir; Hume le propuso la ayuda de la Corona de Inglaterra, pero Rousseau la rechazó, alegando que no quería perder su independencia al quedar sometido al poder de un rey. Se desencadenó entonces un conflicto entre los dos hombres a golpe de panfletos, aparecidos en los periódicos europeos, sobre la posibilidad que tenía un escritor de ser libre y estar financiado al mismo tiempo por el poder.

Esta polémica fue muy ruidosa y vehemente, desde luego, pero solo duraría unos meses. Y, según Rasmussen, fue absolutamente secundaria en la vida de Hume y en la elaboración de su obra. Sin embargo, en la biografía de Hume, Rousseau ocupa un lugar mucho más importante que el de Smith, del cual fue amigo durante varias décadas.

Esa erradicación de la amistad se explica sin duda en gran medida por la existencia de un sesgo negativista —reactivo, diría Nietzsche— en el campo cultural, una tendencia a entender el proceder de los autores a través de un prisma de confrontación y oposición, como si, extrañamente, un escritor se definiera mejor por los conflictos en los que participó, es decir, como negación de una negación, y no de manera positiva por las complicidades que lo ayudaron a ser aquello en lo que se convirtió. Pero Rasmussen también explica ese prejuicio por el hecho de que los conflictos dejan más rastros, y en concreto rastros escritos, que las relaciones afectivas. Y es verdad que cabe preguntarse, por ejemplo, qué sabríamos de la complicidad entre Sartre y Beauvoir si esta no hubiera escrito sus *Memorias*. Las relaciones afectivas y de amistad producen sus acciones de forma difusa, en el terreno de lo cotidiano, en las interacciones de la vida corriente. Y es esa cualidad suya de impregnar silenciosamente lo práctico-inerte lo que explica su capacidad de producir los efectos más profundos. Por paradójico que parezca, es su invisibilidad lo que explica su efectividad.

2

Evidentemente, en el funcionamiento de nuestra relación como espacio en el que nuestras existencias están unidas entre sí por el hecho de compartir la vida de escritor y una determinada concepción de la escritura, Didier ocupa una posición especial. Didier es mayor que Édouard y que yo, y, sobre todo, era ya autor de una obra importante, desde su biografía de Michel Foucault hasta *Regreso a Reims*, pasando por *Reflexiones sobre la cuestión gay* y *Una moral de lo minoritario*,[2] antes de que esta relación existiera en su vida y en la nuestra. Por el contrario, Édouard y yo hemos escrito nuestros libros dentro ya de esta relación, a partir de ella, y hemos escrito los libros que hemos escrito porque ha existido esta relación.

Didier ha desempeñado un papel determinante en la forma en que primero yo y luego Édouard nos hemos visto llevados a escribir. No utilizo las palabras «modelo» o «guía», que sugieren la idea de una especie de práctica explícita de la autoridad, cuando de lo que aquí se trata es precisamente de lo contrario, de una forma de transmisión práctica, día a día, en las conversaciones cotidianas, de cierto número de reflejos, de evidencias, de percepciones, de gestos, de gustos y de disgustos que poco a poco se insertan en la mente, crean la posibilidad de pensarse a uno mismo como escritor y configuran luego una manera de orientarse en la vida literaria o teórica.

Los modelos se transmiten a través del tiempo y de ese modo pueden circular de generación en generación. Didier ha escrito una buena parte de su obra al margen de las instituciones y, por el contrario, encuadrado en redes de amistades. Además, se ha subjetivado como autor identificándose con otras figuras, como Sartre y Simone de Beauvoir, por supuesto, con su modo de vida, con su concepción de la vida de autor y con la libertad que encarnan, pero también con Michel Foucault o Pierre Bourdieu, a los que estuvo profundamente unido. Édouard y yo nos hemos convertido en escritores a través de cierta identificación con Didier, de un deseo de parecernos a él y también, por consiguiente, de parecernos a quienes él ha querido parecerse, de suerte que actúa aquí, en el registro práctico de la interacción no consciente, de lo informal y de lo no institucional, una especie de transmisión clandestina intergeneracional de modos de vida y de aspiraciones subjetivas que unen entre sí a unos autores que no se han conocido ni han coincidido nunca.

A finales de 2012, cuando envió el manuscrito de *Para acabar con Eddy Bellegueule* a Éditions du Seuil, Édouard puso como dedicatoria: «Para Didier, mi para sí», utilizando la fórmula sartriana que designa la proyección del sujeto en el porvenir, la fuerza que nos permite arrancarnos de nosotros mismos y convertirnos en otro.

Finalmente la corrigió en las segundas pruebas de imprenta y la dedicatoria fue más sobria: «Para Didier

Eribon». Queda, sin embargo, un rastro de aquella dedicatoria inicial en la versión italiana del libro, pues el
traductor trabajó a partir de las pruebas de imprenta y
no del libro como tal: «A Didier, il mio Per-Sè».

A Didier, il mio Per Sé

3

Para Édouard y para mí, Didier ha hecho posible en primer lugar el hecho de pensarnos como escritores y de arrogarnos el derecho de escribir. Cuando conocí a Didier, diez años antes de que conociéramos a Édouard, yo estaba estudiando todavía, pero convertirme en escritor se impuso poco a poco en mí como una evidencia: frecuentar a Didier, a los amigos que él tenía por entonces, verlo vivir, escribir y publicar, cenar en su piso inundado de obras o de revistas dejadas por todas partes y de cualquier manera puso ante mí la evidencia del mundo de los libros. Didier me animó, me planteó exigencias, hizo posible y pensable esa aspiración. Del mismo modo, desde el instante mismo en que conoció a Édouard en la universidad de Amiens, después de ir a cenar con él y de que Édouard le contara su vida pasada y presente, de que le hablara de su familia y de las violencias sufridas, Didier le dijo: «Debería usted hacer de todo ello un libro». Édouard vacilaba, le respondía que nunca sería capaz de hacerlo, pero Didier insistía: «No puede usted saberlo antes de haberlo intentado». Édouard objetaba que Didier había hablado de muchas de esas cosas en *Regreso a Reims*, pero Didier insistía: «Será otra historia, ya lo verá, ya lo verá cuando se ponga a escribir»; y, en efecto, cuando Didier y yo leímos el manuscrito de *Eddy Bellegueule*, recuerdo la sorpresa que nos causó: al principio pensamos que Édouard se dedicaría a escribir ensayos, como nosotros. Y, aunque nos había hablado de su infancia, no nos esperábamos ese libro, su violencia, su forma literaria. Didier tenía razón: por el propio trabajo de escritura, el proyecto de Édouard había tomado una dirección propia, totalmente singular.

Del mismo modo, cuando conocí a Édouard poco después de que lo hiciera Didier, me resultó evidente que llegaría a ser escritor, como si esa transformación fuera en concomitancia con la amistad que estábamos construyendo, y la dedicatoria del ejemplar de *Logique de la création*[3] que le regalé en enero de 2011 decía: «Para Eddy, en el umbral de su creación». Fue antes de que Édouard cambiara definitivamente de nombre.

En *La distinción*,[4] Pierre Bourdieu subraya que, en la mayoría de las actividades sociales, la competencia técnica es una consecuencia de la competencia social: el hecho de sentirse habilitado, autorizado, reconocido como capaz de llevar a cabo algo que dota a los individuos de la capacidad real de llevarlo a cabo, de consagrar tiempo real a una actividad o a otra, de creer en ello y, por lo tanto, de desarrollar finalmente un dominio real de la actividad en cuestión. Lo que a veces se presenta como diferencias de aptitud o de talento a menudo no es más que el resultado de diferencias de habilitación social, de estímulos y quizá incluso de confianza en uno mismo. Bourdieu desarrolla este punto en el marco de un análisis dedicado a la política: los individuos adquieren

Pour Eddy,
au seuil de sa création
à l'œuvre. Cordial-

LOGIQUE DE LA CRÉATION

tanto conocimiento sobre el campo de la política o las decisiones relacionadas con ella que se sienten legitimados para hacerlo. La desposesión política es en una medida muy importante consecuencia de la sensación que tenemos de no estar legitimados para meternos en política, especialmente condicionada por la carencia de un título o de la educación necesaria, y esa sensación de ilegitimidad estatuaria se acentúa sobre todo entre las clases populares y aún más entre las mujeres de las clases populares.

En el mundo social y en concreto en el mundo cultural, las fronteras entre las clases de individuos y sobre todo el acceso diferencial a las distintas posiciones se reproducen mejor cuando funcionan a través de la intimidación, es decir, a través de la inculcación de la vergüenza (o, por el contrario, en el otro lado del espectro social, de un sentimiento de evidencia y de autorización de uno mismo), a través de la producción de un sentimiento de ilegitimidad que favorece comportamientos de autoexclusión. Frente a esas lógicas dotadas de una fuerza considerable, solo determinadas acciones pueden hacer de contrapeso y detener su funcionamiento.

La relacionalidad amistosa y la afectividad representan unas fuerzas cuyas acciones pueden desplegarse fuera, al lado de las lógicas instituidas o incluso contra ellas, y especialmente contra las lógicas institucionales. Ese es el motivo de que los encuentros que las originan constituyan uno de los raros espacios posibles de la producción de lazos o de solidaridades capaces de suponer un estorbo para el orden habitual de las cosas y de ir en contra de lo que tendría que haber sucedido. A partir de ese momento cabría preguntarse si la condena y la prohibición de las relaciones afectivas entre profesores y alumnos, como otros tipos de actitudes neoconservadoras que consisten en establecer una frontera moral entre relaciones verdaderas y relaciones problemáticas, no contribuyen directa e indirectamente a reforzar los determinismos de clase, pues, en el ámbito escolar y universitario, solo las relaciones que escapan de los formatos instituidos pueden obrar milagros sociales o impedir unas trayectorias sociales previstas de antemano, o, en todo caso, solo unas relaciones no previstas por el sistema pueden contravenir las acciones del sistema existente.

En *Regreso a Reims*, Didier cuenta cómo el afecto que sintió por un chico de su edad cuando tenía trece o catorce años lo empujó a redefinir por completo su relación con la cultura. Esa historia ilustra la importancia decisiva de las lógicas del afecto y de las interacciones de la vida cotidiana para la formación de las subjetividades. Ese chico era hijo de un profesor universitario, tenía el *habitus* de todo buen alumno y la música y los libros formaban parte de su mundo natural más evidente. Hijo de un obrero y de una limpiadora, Didier se veía, por el contrario, empujado a resistirse a la cultura legítima y escolar, a despreciarla, a afirmarse en contra de ella, lo que sociológicamente habría debido condenarlo a autoexcluirse del sistema escolar. Pero el amor y la fascinación por aquel chico, la complicidad entre ellos, lo empujó a redefinir su relación con la cultura, a querer amarla porque lo amaba a él, a imitarlo. Y aquello cambiaría su vida: «Ese chico con el que traté brevemente me inculcó el gusto por los libros, una relación distinta con lo escrito, una adhesión a la creencia literaria o artística que al principio solo fueron un juego y que cada día se hicieron más reales». En *Cambiar: método*,[5] Édouard también cuenta hasta qué punto la amistad, primero con Elena, hija de padre universitario que se había convertido casi en su doble en el instituto, luego precisamente con Didier, que en un primer momento fue profesor suyo, y más tarde con otros, funcionó en momentos determinantes de su trayectoria como principio de acogida, de transformación, de impulso.

En todas sus dimensiones y a todos los niveles cruzan por el mundo social lógicas de censura. Y por lo tanto en todas las etapas de la vida la racionalidad afectiva puede desempeñar un papel liberador. Si a Édouard y a mí nos fue necesario conocer a Didier para iniciar un proceso de subjetivación de nuestras personas como escritores, fue porque, en nuestros mundos, los campos literarios y universitarios no representan espacios que animen a escribir o incluso a darnos derecho a escribir. Funcionan más bien como lo que Foucault llamaba espacios de rarefacción de la toma de la palabra. Ese funcionamiento puede adoptar formas distintas según los diferentes ámbitos. Recuerdo hasta qué punto había en la universidad una obsesión con la degradación simbólica de la figura del escritor cuando entré en la Escuela Normal Superior y empecé los estudios de Sociología. La universidad, que se define como un espacio de saber, representa, por el contrario, uno de los lugares en los que los valores antiintelectuales tienen más fuerza, y en los que vemos cómo funciona constantemente una especie de deslegitimación de la figura del escritor que desearía intentar escribir una obra en nombre propio.

En cambio, se erige como norma la figura del investigador metido de lleno en su disciplina, que no debe
desarrollar sus trabajos más que dentro de las estructuras colectivas ya dadas y que se desdibuja detrás de todo
un conjunto de dispositivos de escritura, de publicacio-
nes, de discusiones ya validadas, reconocidas, instituidas. Las sempiternas conminaciones dirigidas a los
recién llegados dicen: no vayas demasiado lejos, no ten-
gas demasiadas pretensiones. Me acuerdo de que, al comienzo de nuestra relación, Édouard estaba estudiando
Sociología en París y algunos días contemplaba la posibilidad de dedicarse a la investigación. Una noche,
mientras nos mandábamos SMS, me escribió en un acto
de sumisión a la conminación académica a la «modes-
tia», que en el mundo universitario no remite a la cualidad moral que todos conocemos, sino que constituye un
elemento de una tecnología disciplinaria de destrucción
de las ambiciones creadoras entre los alumnos noveles;
le respondí entonces con una cita de Spinoza que me
gusta mucho y que ve una pasión negativa, un automa-
tismo del que debemos desconfiar, en el hecho de dar
valor a cualquier actitud modesta. Aquella conversación
fue totalmente anodina. Se inscribía en el terreno de la
cotidianidad más banal de las primeras conversaciones y de los primeros intercambios de ideas entre
Édouard y yo. Pero son interacciones de ese estilo las
que, a mi juicio, permiten que la amistad funcione como
un contrapoder, un lugar de subjetivación que puede suponer un estorbo para la acción mutiladora de las lógicas
institucionales.

Los mecanismos y los valores proclamados no son
los mismos, sino que son procesos de intimidación

idénticos que vemos actuar en el campo literario. Toda una economía de la imagen que rodea a los escritores y que a estos les gusta poner en funcionamiento con el fin de dar una impresión de lejanía, de inaccesibilidad, que desanima a gran número de individuos e impide que desarrollen la práctica de la escritura. Las editoriales aparecen como lugares cerrados y reservados… y la cultura se expresa en su ejercicio dominante, a pesar de su pretensión de encarnar un espacio de libertad y de liberación e incluso a través de esa misma pretensión, de todo un conjunto de técnicas sociopolíticas de intimidación. Édouard me contó un día que, en el momento de la publicación de *Cambiar: método*, libro en el que habla de cómo se convirtió en escritor, decenas de personas le dijeron en las librerías: «Yo también habría querido escribir, pero no me sentía legitimado, me habría gustado seguir la misma trayectoria que usted, pero me daba la impresión de que escribir y publicar eran cosas para otros, no para mí…».

¿Cómo puede uno darse permiso para tomar la palabra? ¿Cómo puede uno arrogarse el derecho a publicar, a sentirse legitimado para escribir en un mundo en el que funcionan tantos dispositivos para apartarlo de semejante ambición o para empujarlo a hacerlo sin ambición y, por lo tanto, no hacerlo? Con mucha frecuencia, la revolución psíquica de esa dificultad conduce a aquel o a aquella que aspira a escribir a ponerse al abrigo de un autor pretérito, de un paradigma o de una disciplina, a deslizarse en el interior de los dispositivos de escritura ya instituidos, a reivindicarse como miembro de una escuela… Como si la condición para llegar a ser escritor consistiera paradójicamente en disolverse como tal escritor.

La relación afectiva y todas las prácticas inherentes a ella que suponen adquisición de confianza en uno mismo y la capacidad de darse ánimos representan un espacio dentro del cual es posible la consecución de una especie de ruptura con la sumisión a los dispositivos culturales de la intimidación. Dan fuerzas para intentar fundamentar el acto de escribir en una iniciativa autofundacional. Para mí, y después para Édouard, Didier desempeñó el papel de un contrapoder respecto a las obras que actúan en los ámbitos literarios y universitarios. No ha desempeñado el papel de tutor, sino más bien el de liberador de la idea de tutela que, a través de los ánimos que infunde, llega a dar un sentido de legitimidad autoral y la sensación de tener derecho a escribir.

Didier nos fijaba una serie de exigencias. Decía, por ejemplo: si escribes un libro, tiene que ser *La distinción* o *Luz de agosto*. Pero, al mismo tiempo, cuando hablábamos de las dificultades con las que nos encontrábamos, nos advertía siempre que no hay nada peor para un escritor que emprender un trabajo de escritura fijándose las imágenes inalcanzables o intimidantes del «gran libro» (escribir *Vigilar y castigar*[6] o nada). Eso no sirve para trabajar bien, sino que, por el contrario, paraliza. Al hacer funcionar juntos esos preceptos aparentemente contradictorios (escribir *La distinción* o nada; no fijarse como objetivo escribir *La distinción* o nada), Didier consiguió animarnos de dos maneras complementarias: hacer que intentáramos fijarnos la ambición más exigente, liberarnos de las formas de censura que pueden ejercer los campos académicos y culturales, pero, al mismo tiempo, permitir que nos liberásemos de las formas de intimidación o de censura que pueden ejercer esos mismos modelos. Didier nos ha contado muchas veces que él también había conocido, cuando se estableció en París, un sentimiento de ilegitimidad que le impedía ser escritor: esa identidad le parecía reservada a quienes habían tenido acceso a los sectores escolares de los que sus orígenes sociales lo habían excluido. Durante mucho tiempo tuvo la impresión de que aquello no era para él. Por ese motivo siguió trabajando como periodista durante un periodo bastante largo. Y para él también sería una relación afectiva la que intervendría para romper aquella frontera mental y para darle la posibilidad de liberarse de las censuras subjetivas que él mismo había incorporado: a partir de 1979 entabló una amistad con Pierre Bourdieu, hablaba con él por teléfono casi a diario y su nuevo amigo no dejó de darle ánimos: «Componga un libro, debería usted escribir un libro…». Hasta que Didier dio el salto.

Un papel comparable al que Bourdieu desempeñó para Didier es el que él ha desempeñado para nosotros.[7] Además de que Didier ha conocido personalmente a Foucault, Dumézil, Lévi-Strauss, Derrida, Deleuze o Duras, y de que hablar con él sobre estos autores y sobre su relación intelectual con ellos también es hablar de su realidad cotidiana: cómo eran, cómo hablaban y de qué hablaban. Didier nos cuenta a menudo anécdotas sobre ellos, lo que contribuye a hacer que en cierto modo nos resulten más cercanos, menos intimidantes. No se trata en ningún caso de negar su importancia o la eminencia de sus obras. Nuestra relación, por el contrario, es un espacio de producción de admiración y de expresión de dicha admiración. Los admiramos muchísimo: cuando, durante el día, uno de nosotros lee un pasaje

que encuentra particularmente hermoso y potente, sobre todo de uno de los escritores o escritoras con los que
se relacionó Didier, al momento manda extractos de
este a los otros dos. Recuerdo que fue así como Édouard
escogió el exergo de su primer libro. Yo estaba leyendo
a Marguerite Duras y le envié la siguiente frase de *El
arrebato de Lol V. Stein*:[8] «Por primera vez mi nombre
pronunciado no nombra».

4

Una vida de escritor es siempre una cuestión de percepción y de intensidad. Hay lugares en los que nos sentimos bien y otros en los que nos sentimos mal; hay entornos en los que estamos cómodos y otros, en cambio, en los que sabemos que no estamos en nuestro sitio. Frecuentar a Didier también ha inculcado, primero en mí y luego en Édouard, cierta ética de la vida de escritor, cierta concepción del acto de escribir que nos ha conducido muy pronto a tomar distancia no ya respecto del mundo universitario en su conjunto, pues Didier ha sido profesor, está vinculado a numerosos académicos de Francia y del extranjero, y, en último término, también nosotros intervenimos regularmente en él, sino más bien respecto de los valores y las normas, de las relaciones con la escritura y con el tiempo que dominan el mundo académico.

Édouard se ha consagrado ya a la producción de una obra literaria y la cuestión de la relación con la universidad ha pasado a ser para él, por lo tanto, secundaria. Mi carrera se ha basado también en un distanciamiento de la investigación universitaria, de la imagen del pensamiento que esta configura y suele tratar de imponer, aparte de que la incomodidad que he sentido frente a la imagen de la investigación que se fomentaba en la universidad durante mi época de estudiante me ha llevado a tomar el mundo académico como objeto de uno de mis primeros libros, *Logique de la création*.

Que, con unos cuantos años de separación, Édouard y yo nos hayamos sentido incómodos en la universidad y hayamos dado los pasos necesarios para alejarnos de ella se explica en gran parte porque el hecho de frecuentar a Didier significaba estar en contacto con una concepción distinta de la escritura. La práctica intelectual, tal como la encarna Didier y tal como ha funcionado para nosotros como modelo, se ha basado siempre en lo que cabría designar como una moral utilitarista: que escribir sirva para algo, que la necesidad de esa actividad se encuentre fuera de ella, que vaya siempre dirigida a públicos o a contrapúblicos, y que no se convierta nunca en una actividad profesional rutinaria. El campo académico —y lo mismo cabe decir del campo literario y del campo cultural en general, que proclaman siempre el valor intrínseco de las obras de arte— parece basarse en una concepción inversa de la investigación como actividad sin finalidad (y cuya utilidad, a menudo, es sentida como tal incluso por aquellos y aquellas que la practican). A los tres nos gusta mucho la página de *Roland Barthes par Roland Barthes*[9] acerca de los dispositivos académicos: «Angustia: la conferencia. Aburrimiento: la mesa redonda». Existe una relación entre lo que la universidad hace al pensamiento y el aburrimiento, la inanidad, la tristeza, la producción del discurso sin finalidad y sin fin e incluso, además, sin lector.

Susan Sontag evoca en sus memorias el terror que se apodera de ella cuando toma conciencia de que habría podido llegar a ser una académica más. Un día se da cuenta de la felicidad que siente por haber conseguido no someterse a semejante concepción de la vida cuando parecía que todo la destinaba a ello:

> Me siento aterrada cuando me doy cuenta de que he estado a dos dedos de dejarme arrastrar a la vida universitaria. No me habría supuesto esfuerzo alguno… simplemente seguir sacando buenas notas… probablemente habría hecho inglés, pues carezco del don de las matemáticas necesario para la filosofía. Habría continuado haciendo un máster, me habría convertido en ayudante, habría escrito uno o dos artículos sobre oscuros temas que no interesan a nadie y a los sesenta años sería fea, respetada y profesora. De hecho, estaba hoy mirando en la biblioteca las publicaciones del departamento de Inglés: largas monografías (centenares de páginas) sobre temas como «la utilización del "*tu*" y el "*vous*" en Voltaire»; «la crítica social en Fenimore Cooper»; una bibliografía de los escritos de Bret Harte en las revistas y los periódicos de California (1859-1891). ¡Señor! ¡A lo que estuve a punto de someterme!

Por lo que a nosotros respecta, ha sido la relación con Didier lo que nos ha protegido de esa sumisión y lo que, desde ese punto de vista, nos ha salvado.

Détresse : la conférence.

Ennui : la table ronde.

5

En octubre de 2020, Didier, Édouard y yo nos instalamos en Atenas durante varias semanas. Didier y yo fuimos a reunirnos con Édouard, que había llegado poco antes que nosotros para descansar después de las representaciones de *Quién mató a mi padre* en el Théâtre de la Ville.

Durante aquella estancia en Atenas, a veces Édouard y yo salíamos a dar paseos juntos por la tarde, sobre todo por los caminos del Licabeto, mientras que Didier se quedaba escribiendo en el apartamento que había alquilado. Édouard estaba componiendo *Lucha y metamorfosis de una mujer*.[10] En una ocasión me contó que el día anterior había releído *Una mujer*, el libro de Annie Ernaux,[11] y que se había dado cuenta de que esta autora, al hablar de su madre, describía un fenómeno que él había constatado también en la suya: que la transformación social del hijo había generado en ella un deseo de imitación. Desde que Édouard comenzó su metamorfosis social, su madre, como la de Annie Ernaux, sintió el deseo de cambiar: se puso a utilizar otras palabras, a hablar de otra manera; cambió su forma de vestir, modificó sus actitudes y su mentalidad. Édouard me hizo notar que, como en el caso de Annie

Ernaux, ese deseo de cambio no afectó en absoluto a su padre. Este no se ha movido ni un milímetro, su identidad social ha seguido ejerciendo un dominio inmutable, creciente incluso, sobre él. Cuanto más cambiaba Édouard, más se esforzaba su padre por ser lo que era, como el padre de Annie Ernaux, que repite y hace entender a su hija, a medio camino entre la vergüenza de lo que él es y el reproche de aquello en lo que está convirtiéndose ella, que él no es «como ella».

Charlando con Édouard, mientras caminábamos juntos y nos hacíamos fotos que luego mandamos a Didier, le comenté que, en mi opinión, eso era exactamente lo mismo que había sucedido con mis padres. Mi madre se había transformado después de divorciarse de mi padre, había conocido a mi padrastro y, aunque casi no tenía estudios superiores (algunas familias de la aristocracia seguían pensando que las mujeres tenían que casarse, en vez de ir a la universidad), en cuanto pudo se fue interesando cada vez más por la cultura, por los libros, por la literatura contemporánea, por el cine de autor, mientras que mi padre, que nunca había vivido sometido a carencias o privaciones, siguió siendo el de siempre.

Hablando de esa semejanza a pesar de las diferencias de clase, intentamos entender por qué es así, planteamos hipótesis, nos preguntamos en qué medida esas diferencias podrían relacionarse con el hecho de que las mujeres tengan tendencia a vivir su vida sometidas a la coacción, a la mutilación, al obstáculo, al robo, a temer que se les haya impedido algo, lo que hace que, en cuanto se les presenta la ocasión a través del destino de un hijo, del divorcio, la separación de los niños o el encuentro de un nuevo compañero, a menudo deseen convertirse en otra cosa, mientras que los hombres, por su parte, se aferran a los papeles sociales que se les imponen, extraen de ellos la imagen de sí mismos a la que quieren corresponder y, por consiguiente, no viven sometidos al principio ese de «tengo que conseguir algo». Reflexionamos sobre libros, de sociología o de historia, que pudieran ayudarnos a resolver esta cuestión… Luego volvimos a bajar de la colina para reunirnos con Didier y seguimos hablando juntos, intercambiándonos referencias de novelas y de películas sobre este tema.

Escenas como esta se producen entre nosotros una o incluso dos veces al día, todos los días, desde hace diez años. Habría que contar tres mil, quizá cinco mil seguidas para dar testimonio de la realidad de nuestra relación. Harían falta diez mil páginas. En otras palabras, la relación entre Didier, Édouard y yo constituye un intento de cotidianización del acto de escribir. La amistad como modo de vida enlaza con una práctica de la escritura como modo de vida. Toda nuestra existencia gira alrededor de esas dos actividades. No hay una repartición entre nuestra existencia cotidiana y nuestra actividad de escritores, no hay una escisión entre la relacionalidad afectiva por un lado y el trabajo por otro. Cuando estamos juntos, cuando cenamos o nos sentamos alrededor de la mesa de un café, cuando paseamos, hablamos, y además de forma ininterrumpida, sobre lo que estamos escribiendo o sobre lo que hemos leído. Y, como charlamos sin parar de nuestras lecturas, lógicamente cada uno de nosotros llega a incorporar, a través de la conversación diaria, conocimientos y percepciones incluso sobre autores que no ha leído, de suerte que el horizonte mental de uno está formado por parcelas del horizonte mental de los otros dos. A veces, me gusta imaginar que el funcionamiento de nuestra relación permite compararla con una especie de fábrica cultural —*the factory*— en la que cada uno de nosotros aportaría ciertos *inputs* y a continuación produciría sus propios *outputs*, un pequeño laboratorio móvil y permanente en el que se llevan a cabo mezclas, experimentos, intercambios, encuentros que luego originan obras y compromisos.

En el funcionamiento de nuestra amistad hay una ceremonia que se ha convertido en un momento esencial: la ceremonia de la «coordinación». El uso que hacemos de esta palabra se remonta a mi ingreso como profesor en la Escuela Nacional Superior de Artes de París Cergy en 2014. Cuando empecé a trabajar en esta escuela, descubrí que una parte de la enseñanza artística consistía en momentos durante los cuales los alumnos presentan ante un equipo de profesores, pero también ante otros alumnos, sus reflexiones, sus obras: cuadros, *perfomances*, piezas sonoras, películas… Esas sesiones colectivas de discusión del trabajo de cada uno reciben el nombre de «coordinaciones».

Nos hemos apropiado del término y actualmente llamamos «coordinación» al momento durante el que uno de nosotros expone a los otros sus comentarios sobre un manuscrito que está a punto de acabar. Cuando uno de nosotros piensa que ha conseguido una versión legible de un manuscrito, se lo envía a los otros dos o a uno solo. Unos días después, el autor y el lector-corrector se reúnen. El lector-corrector retoma cada página, expone comentarios detallados sobre la organización de un determinado párrafo, pero también hace otros más significativos sobre la coherencia del texto, las repeticiones, los pasajes flojos o aquellos que hay que rehacer por completo. Esa labor puede durar horas. Entonces el autor vuelve a ponerse a trabajar... hasta la próxima coordinación. Naturalmente, aún puede haber desacuerdos entre nosotros: cada uno sigue siendo autor de sus propios textos. Algunos comentarios no dan lugar a ningún cambio, mientras que otros provocan la reescritura completa de ciertos pasajes. La cosa puede ir incluso más lejos todavía: en 2016 o 2017, Édouard me hizo leer la primera versión de un texto en el que, por primera vez, había intentado escribir una historia de ficción. Cuando le dije que su intento me había parecido fallido, decidió poner fin a aquel proyecto... que actualmente continúa durmiendo en las carpetas de documentos de su ordenador.

7

¿En qué condiciones es posible construir unos espacios de discusión y de evaluación dentro de los cuales un autor puede tener acceso a una mirada crítica dotada de un mínimo de validez y de honestidad? Por lo general, el círculo de amistades se describe como un espacio de complacencia que no es susceptible de favorecer la exposición de evaluaciones objetivas, a diferencia de las que se expresan en los campos académicos o literarios. Pero en realidad cada vez me parece más cierto lo contrario, de modo que, en algún sentido, un escritor que quisiera rodearse de personas capaces de darle un parecer justo debería por fuerza trabajar en la creación de lazos amistosos, y la constitución de uno mismo como escritor y la constitución de uno mismo como sujeto amistoso deberían concebirse como las dos caras de una misma estrategia.

Las instituciones o los campos profesionales representan a menudo espacios de «competencia» en los que las lógicas de poder y de enfrentamiento influyen en la formación de las opiniones mutuas y distorsionan la sinceridad de las percepciones. Pero a menudo son también lugares de «convivencia» en los que la necesidad recíproca de unos y otros, la falta de tiempo o de interés, el miedo a enfadarse pueden dar lugar a comportamientos que tienen mucho que ver con la adulación o la hipocresía. En *La sociedad como veredicto*, Didier consagra varias páginas a la multiplicidad de las actitudes de complicidad que se encuentran por lo general en el principio de funcionamiento de los campos culturales, literarios o universitarios: un escritor siempre se ve acosado por la cuestión del estatus, de la publicación y de la acogida de su obra, de las citas y de la circulación de su trabajo. Ese conjunto de preocupaciones lo predispone a adoptar comportamientos que persiguen asegurarse apoyos o evitar toda forma de conflicto: yo te cito, tú me citas; yo te apoyo públicamente esperando que tú hagas lo mismo conmigo. La vida de escritor se presenta como una vida autónoma, a veces incluso solitaria, pero, en cambio, se desarrolla en gran medida dentro de redes de interdependencias con todas las formas de docilidad que puedan derivarse de ellas.

Existen condiciones para poder exponer la verdad al otro, para poder decirle a un autor: «Hay que replantearse tal o cual párrafo, hay que revisar tal o cual capítulo», o incluso algo peor... Didier nos ha contado muchas veces la anécdota del día en que un conocido le dio a leer uno de sus manuscritos y le pidió: «Sé franco sobre lo que piensas de él. Es muy importante para mí contar con una opinión sincera». Didier le dijo que no le había parecido muy logrado. No han vuelto a hablarse.

La emisión de un veredicto no es, como nos recuerda Foucault en sus últimos textos, algo dado. Semejante actividad supone unas formas de vida y ciertos modos de subjetivación, el establecimiento de lazos especiales entre el que habla y el que escucha, lazos de confianza que escapan a las lógicas de la competencia y de la connivencia, una preocupación por el otro que predispone a la honestidad, mientras que una relación de sociabilidad conduce más bien a expresar cumplidos estereotipados. En ese sentido, el amor y la amistad pueden representar, mucho mejor que los círculos establecidos de la discusión, espacios de una cultura de la verdad (podemos percibirlo en las escenas relatadas por Simone de Beauvoir en las que Sartre o ella hacen comentarios a veces extremadamente duros sobre sus respectivos manuscritos).

Sería muy ingenuo pensar que la honestidad entre nosotros es total. Que nos lo decimos todo y que lo hacemos además con franqueza. Necesariamente hay o ha habido momentos en los que uno de nosotros ha tenido que atenuar lo que pensaba o se ha visto obligado a matizar un poco su opinión para no herir al otro. Es algo que por definición no puedo saber porque nadie lo reconocería, pero creo que es inevitable.

Aunque esas pocas excepciones no cambian lo más importante, la dificultad de aceptar que nos juzguen y evalúen sin sentir que nos están poniendo en entredicho y, por otra parte, que nos sintamos autorizados a ser sinceros sabiendo que no seremos hirientes y que no suponemos una amenaza para la relación. Puede que esa sea una de las mayores dificultades que encuentra un autor a la hora de dar con un lector-corrector cuyos consejos no sean complacientes ni parciales y de verdad ayuden a la reflexión y a la escritura. Como constituye un espacio exterior a las instituciones y, por lo tanto, a las lógicas que se ejercen en ellas, la amistad es uno de los lugares —¿acaso hay otros?— que brindan esa posibilidad.

8

La multitud de interacciones durante las cuales charlamos, intercambiamos referencias, reflexionamos o elaboramos nuestros libros y nuestras intervenciones poseen, como todos los fenómenos sociales, una función objetiva que va más allá de su función aparente. Ocurre en ellas algo más de lo que ocurre. Representan un proceso a través del que, de manera inmanente, la amistad incluye en lo cotidiano y en la vida la escritura y el proceso creativo… ¿Existe un vínculo entre la naturaleza de una iniciativa intelectual o literaria y la manera en la que la escritura se imbrica con y en la vida cotidiana de un autor, en sus ritmos y en las personas con las que trata? No sé si se puede llegar tan lejos. Pero, en cualquier caso, me planteo una cosa: cuando el ejercicio del pensamiento se inscribe en las formas de la existencia ordinaria, en su temporalidad y su desarrollo, en la racionalidad práctica y vivida día a día, se desarrolla según unas modalidades cambiantes y singulares, dentro de un espacio de problemas que se autogenera de manera inmanente y que puede poseer cierta autonomía respecto de las prescripciones habituales de los campos culturales. En cambio, cuando el tiempo de la escritura se halla desconectado de la vida personal y familiar, cuando la vida se halla escindida y un escritor vive dos vidas que a veces no se comunican en absoluto entre ellas, entonces tendrá indudablemente una tendencia a desarrollar su trabajo apoyándose en formas externas a él, a recurrir a estas para darle sentido y, por consiguiente, a elaborar obras más dependientes de ese campo.

En todo caso, la intrincación de la creación simbólica y de la creación relacional confiere a la amistad un estatus especial. Espacio aparte, para aquellos y aquellas que están implicados en el asunto puede representar un lugar de pertenencia alternativo respecto de los campos culturales o profesionales instituidos y, por consiguiente, fomentar un proceso de liberación frente a las censuras y a los efectos de normalización que estas ejercen.

¿No ha cometido acaso nuestra cultura el error de asociar la figura del creador con la soledad? ¿Y si, por el contrario, hubiera que vincularla con la amistad? La amistad podría aparecer como un dispositivo de subjetivación que ofrece una posibilidad concreta de mantener cierta exterioridad respecto de los campos culturales instituidos, de conquistar una relativa autonomía respecto a los requerimientos dirigidos a todo productor de bienes simbólicos en términos de temáticas, de modos de escritura o de formas.

Entre 1998 y 2000, Pierre Bourdieu consagró un curso de dos años en el Collège de France a Édouard Manet y a la revolución simbólica que este artista llevó a cabo. A través de la figura de Manet, profundiza en la cuestión más general de las condiciones del éxito de un intento revolucionario o herético que cuestiona la organización instituida de una práctica simbólica. Bourdieu repasa

evidentemente las condiciones económicas, morfológi-
cas, técnicas y políticas que hicieron posible la invención
de ese modo nuevo de pintar que supuso el impresionis-
mo respecto de la pintura bombera[12] y del estilo académico. Pero en ese mismo curso, en un momento dado, se
interesa por motivos más íntimos y quizá más profundos. La tonalidad de su curso cambia, sin duda porque
aborda cuestiones que resuenan en su interior con los
ecos de lo que había sido su propia trayectoria.

Bourdieu plantea el problema de lo que él llama la
«soledad del heresiarca». Cuando alguien decide romper o, de hecho, se ve obligado a romper con las expectativas del campo en el que se halla incluido, tiene que
aceptar *a priori*, al menos durante un tiempo, que va a
encontrarse solo y aislado. Desafía las leyes del reconocimiento y de la sociabilidad tal como funcionan en su
campo, promueve una nueva norma de producción que
todavía no se ha aceptado como tal y, por lo tanto, de manera mecánica, se encuentra al margen de todo. Bourdieu
dice de Manet que tuvo que «dar un salto al vacío». Y que
sociológicamente el problema que se plantea es saber cómo
consiguió «no volverse loco», aguantar «bajo una avalan-
cha de violencias, de insultos y de cuestionamientos».[13]

Mantener la distancia con las formas instituidas de la
producción y de la circulación de las obras exige por
fuerza un determinado tipo de confianza en uno mismo.
Aunque sea insultado, ignorado, rechazado, el hereje
debe convencerse de que no es un artista fallido, sino un
artista maldito. Pese a verse aislado y atacado, debe
arrogarse el derecho de decirle a la institución: «Soy yo
quien tiene razón, soy yo quien os lo dice». Un acto
herético implica la capacidad de desafiar las leyes del

reconocimiento social, desembarazarse al menos durante un tiempo de la fuerza de esos veredictos para perseverar en su propio ser a pesar de la ausencia de todo signo mundano de aprobación.

Ese es el motivo por el que una vanguardia es siempre algo colectivo. El que quiera romper con el *nómos* del campo al que pertenece (la definición académica de la pintura en el caso de Manet) tendrá que desconectarse, al menos en un primer momento, de la institución y de sus espacios de sociabilidad. Tendrá, por lo tanto, que encontrar apoyo en otra parte, a través de su inclusión en otros círculos. Tiene no solo que crear su obra, sino también su propio espacio de apoyo. Y Bourdieu insiste en el papel fundamental que desempeñaron para Manet los pocos amigos fieles de su entorno que le aseguraban su valor y le daban ánimos (Zola o Mallarmé, por ejemplo), y los lugares alternativos de sociabilidad, de exposición y de venta al margen de la Academia, como, por ejemplo, los salones.

A primera vista cabría utilizar la expresión «círculos alternativos de reconocimiento» para designar esos espacios de estímulo marginales respecto de las instituciones que se constituyen a través de las redes informales de la amistad. Sin duda resulta imposible escapar por completo a una lógica de la certificación de uno mismo y conseguir que las relaciones afectivas desempeñen de manera provisional o duradera el papel de las instituciones para aquellos y aquellas que se enfrentan a ellas. Pero al mismo tiempo podemos preguntarnos si el concepto de reconocimiento autogenerado tiene sentido: ¿podemos ser «reconocidos» cuando lo somos por aquellos que nosotros elegimos y que calificamos de dignos de reconocernos? ¿Situar como previo al reconocimiento el

reconocimiento de aquellos y aquellas que nos reconocen no es acaso necesariamente vernos obligados a dudar del valor de ese reconocimiento? Para desempeñar
su papel de certificación, ¿no debe acaso el reconocimiento venir siempre de fuera, es decir, de otro que se
impone sobre mí y que pretende tener un derecho sobre
mí? Y, si rechazamos esa sumisión, ¿realmente es para
crear unos espacios de reconocimiento paralelos? Por lo
tanto, en vez de concebirse como contraespacios de
reconocimiento, ¿no deberían los círculos amistosos
verse como espacios que permiten la existencia de una
ética de la creación basada en las nociones de afirmación y de autonomía y que tratan de ofrecer la posibilidad
de vivir «más allá del reconocimiento»?

9

La biografía de Manet, tal como nos la restituye Bourdieu, nos proporciona una especie de modelo ejemplar del procedimiento herético. Pero funciona también como una fuerza inquisitiva con la que todos aquellos y aquellas que se dedican a la práctica intelectual o artística deben medirse para definir su relación con la práctica que desarrollan. En su vida, todo escritor se ve enfrentado a elecciones homólogas a las que se le plantearon a Manet, entre la experiencia de la libertad que podría darle o empujarle a conquistar la inclusión de la propia persona en una relacionalidad amistosa, con los peligros que eso conlleva, y realizar su obra sometiéndose a las expectativas de los campos profesionales de pertenencia y, por lo tanto, en cierto sentido, aceptar su censura a cambio de su reconocimiento… Conceder un espacio a la amistad en nuestra existencia constituye un medio de protección ante una docilidad demasiado grande respecto a las instituciones.

Al mismo tiempo que Bourdieu permite objetivar esa tensión inherente a la vida de autor y el potencial liberador de la relacionalidad amistosa, un episodio tardío de su biografía tiende a darle la razón, pero esta vez *al contrario*. La redacción de *Autoanálisis de un sociólogo*[14] constituye un momento en el que asistimos a la aparición de un conflicto entre las lógicas de la censura académica y las fuerzas de la experimentación fomentada por el amigo, salvo que, en este episodio, son las primeras las que prevalecen.

Didier dedica un pasaje de *La sociedad como veredicto* a *Autoanálisis de un sociólogo* y a las charlas que mantuvo con Bourdieu mientras este escribía su libro. Señala que, en esta obra, que se presenta como un autoanálisis, Bourdieu parece dominado por la obsesión de no estar a la altura de la idea que él mismo se ha hecho de su estatus. No quiere darse aires de escritor, explayarse sobre su biografía, sobre sus padres, sobre su infancia. Así que en su libro no deja de colocar dispositivos pantalla que le permiten no hablar nunca de aquello sobre lo que debería hablar: sus primeras experiencias, sus afectos, sus sentimientos, las personas que conoce... Se pasa el tiempo diciendo que pretende hacer un libro científico que sirva únicamente para dar las claves necesarias para comprender su obra. Ese pretexto le permite seleccionar con una parsimonia exagerada los elementos que da a conocer a su lector y producir así un libro descarnado, en el que su vida parece reducirse a su pertenencia al campo intelectual y universitario, en detrimento de todos los demás elementos biográficos que serían igualmente indispensables para comprenderla.

Didier y Bourdieu eran amigos, su amistad se desarrolló fuera del campo académico y siguiendo otras normas. Y, cuando Bourdieu hizo leer su manuscrito a Didier, este cuenta que le dijo que no era lo bastante radical, que debía concederse más libertad: «Es usted demasiado reservado, hay que ir más lejos. Vuelva a leer

a Genet, vuelva a leer *Milagro de la rosa*».[15] Aun admi-
tiendo la idea de que habría sido importante dejarse
llevar y profundizar en la labor autoanalítica, Bourdieu
siempre se resistía. Contestaba: «Yo no soy escritor».
Y luego, desechando las sugerencias de Bourdieu,
añadía: «Pero ¿qué iban a pensar mis colegas? ¡Pues que
me he vuelto loco!». A lo que Didier objetaba: «Pero
¿cómo puede escribirse un autoanálisis si se preocupa
uno de lo que van a pensar los colegas?».

Este relato ilustra la manera en la que Bourdieu se
enfrentaba a dos posibilidades de ser, a dos maneras
contrapuestas de pensarse como autor y de escribir.
Y cada una de ellas está vinculada a unos espacios relacionales también contrapuestos. Una se apoyaba en la
relacionalidad amistosa y las libertades que esta concede; la otra se basaba en la relación con la institución
universitaria, con todos los efectos de censura que comporta la obsesión por el estatus y el reconocimiento.
Bourdieu no había construido la amistad como un
modo de vida, como el lugar central de su subjetividad,
y, por lo tanto, en ese proyecto la censura académica
prevaleció sobre la incitación afectiva. En todo caso,
con este libro no dio un salto al vacío.

10

La amistad como comunidad de vida y de lectura, como lugar de discusión y de apoyo, es una de las pocas formas sociales que pueden funcionar, de manera práctica, como un contrapoder respecto a los poderes que ejercen los diferentes campos, sus modos de socialización y sus mandamientos tácitos o explícitos. ¿Cómo, si no, mantener la distancia con los espacios instituidos de la producción cultural, del campo «de uno»? ¿Dónde encontrar apoyos? ¿Cómo establecer vínculos si el gesto creativo se basa en una ruptura con el *nómos* de ese campo? Al funcionar como un lugar de asistencia y de ayuda mutua, de protección y de estímulo, la amistad funciona además como producción liberadora de un campo exterior. Es un campo fuera de cámara.

La creación relacional sustenta un proceso psíquico que se parece entonces a una especie de declaración de independencia, pero que tendría una forma gradual y no repentina que, al llevarse a cabo poco a poco, hace posible un gesto de alejamiento, real y no anunciado, no ya de los espacios culturales como tales, sino de los principios de evaluación, de sugestión y de reconocimiento que les son propios. En el campo intelectual, da acceso a la posición de *free lance intellectuals*, como los llamaba Bourdieu en *Homo academicus*,[16] que, con mucha frecuencia, en todo caso en lo que a nosotros concierne son *friendship-based intellectuals*.

Ese enlace común de la escritura y de la amistad es sin duda lo que explica por qué, después de Didier, Édouard y yo escribimos textos que se enfrentan a las definiciones oficiales de las distintas prácticas simbólicas. Édouard habla a menudo de su ambición de escribir «contra la literatura» y de elaborar una «literatura del enfrentamiento»; en mis libros, yo describo mi proyecto de proponer una teoría «de oposición» respecto a los sistemas de poder establecidos y a los impensados de la sociología y de la filosofía, y Didier ha puesto en el centro de su obra los conceptos de «contraconducta», de «contradiscurso» y de herejía en los campos discursivos y prácticos. Estas líneas teóricas reflejan en el registro conceptual las posiciones objetivas que los tres compartimos respecto de los espacios instituidos de la literatura, la sociología y la filosofía.

Didier, Édouard y yo escribimos cada uno textos que tienen que ver con ámbitos diferentes, con la filosofía y la sociología, con la literatura o el teatro, con la novela o el relato de uno mismo. A menudo confunden las demarcaciones y las fronteras entre los modos de escritura propios de cada uno de esos ámbitos… Por ejemplo, yo no habría imaginado nunca un libro como este, ni que fuera a recurrir un día a este tipo de escritura y de narración. Pero es la naturaleza de la relación que Didier, Édouard y yo experimentamos lo que conduce a cada uno de los tres, en diferentes aspectos de la vida, en privado o en público, a hacer una cosa distinta de la que le parecía evidente. Hace ya varias décadas, había numerosos escritores que navegaban cómodamente entre la novela y la filosofía, la autobiografía y el teatro, el relato y la teoría (piénsese en Sartre o Beauvoir), pero esa posibilidad parece haberse cerrado últimamente. Se han impuesto cada vez más unas fronteras mutiladoras; o quizá estén cada vez más marcadas debido a una tendencia a la autocensura. El presente libro solo ha podido surgir gracias a la conquista de una forma de libertad respecto de las segmentaciones establecidas entre los géneros, y esa liberación probablemente no habría sido posible nunca sin la experiencia de la relación de la que pretendo dar cuenta.

Cuando evocaba su intención de inventar un modo de escritura que se situara más allá de las divisiones creadas entre filosofía y literatura, Jacques Derrida afirmaba que esas clasificaciones no podían relacionarse con sus escritos más que como denominaciones antiguas. Hablaba en ese sentido de *paleonimia*. *Paleonimizar* las disciplinas y los registros de escritura: esa podría ser la definición de una práctica de la escritura que no se genera ya a partir de unos campos como los que organizan la división entre las actividades y la definición social de uno mismo, sino que intenta darse sus propios criterios utilizando las libertades que le otorga la creación relacional. Esa podría ser una de las contribuciones de la amistad al campo cultural.

CAPÍTULO V

La vida más allá del reconocimiento

1

Ningún ámbito de la existencia escapa a la fuerza liberadora de la amistad. La creación relacional es una
práctica dotada de una notable energía social e íntima.
Abre un espacio de conquista posible respecto a las numerosas limitaciones, privaciones y restricciones que
cada uno de nosotros se encuentra a lo largo de la vida
y que pueden hacer que esta resulte tan miserable, tan
monótona. El peso y la inercia de las fuerzas institucionales, de los marcos tradicionales de la socialización, de
las funciones y de las identidades son enormes, tanto
que uniformizan las biografías y las aspiraciones, las
maneras de ser y de pensar, y sobre todo crean muchos
remordimientos en muchas personas... Solo la acción
de los mecanismos paralelos, implícitos, secretos, puede
a veces, al hacer aparición, poner coto a la lógica y, quién
sabe, darnos un poco de libertad.

Cuando la sociología se plantea como proyecto entender por qué tendemos a someternos a los modelos
instituidos de comportamiento, a veces a pesar de nosotros mismos e incluso cuando nos mostramos reacios
a hacerlo, recurre en general a explicaciones que ponen
de relieve la influencia mecánica del mundo social sobre
nuestro cuerpo y sobre nuestra mente: la socialización,

la incorporación de las estructuras objetivas en forma de *habitus*, la costumbre, la represión de la desviación y las sanciones morales que derivan de la adopción de actitudes diferentes de lo que es la regla, la normalización de los cuerpos y la disciplina.

Pero ¿constatar la existencia de un efecto liberador de la creación relacional no debería animarnos a reinvertir esta cuestión preguntándonos si, al lado de esas fuerzas físicas capaces de explicar el conformismo, no están acaso presentes también otros mecanismos psíquicos más profundos, más misteriosos? Desde el inicio de esta obra he intentado poner en evidencia de qué manera la amistad funciona como una práctica cuyo significado fundamental es la posibilidad que ofrece de adquirir cierta autonomía respecto de las lógicas institucionales, pero también de las identidades (concretamente las parentales, familiares y profesionales) que por lo general sirven para dar sentido a la vida y que nos tranquilizan; de encontrar la fuerza para destronarlas, destituirlas arrebatándoles su poder de intimidación y de control, de escapar de ellas, de ignorarlas para desarrollar la propia vida según unos criterios distintos. La inversión que hemos hecho aquí es la de toda una representación de la existencia. Entonces ¿una teoría sociológica no debería integrar en sus reflexiones una serie de consideraciones acerca del sentido de la vida y de la relación con las instituciones? Si el poder de la amistad va unido a la idea de una vida que inventa sus propias plataformas, que, gracias a los apoyos proporcionados por la ayuda mutua interna existente en un pequeño grupo, consigue contravenir los modos de existencia establecidos, ¿qué lección podemos extraer en cuanto al funcionamiento general del orden social?

2

En un momento de su seminario preparatorio de *Fragmentos de un discurso amoroso*, Barthes se detiene para decir a sus oyentes que va a basar su estudio del discurso y del sentimiento amoroso en el psicoanálisis. Afirma que ese recurso al psicoanálisis no proviene del hecho de que sienta un gusto especial por esta disciplina... Por el contrario, encuentra que el discurso del psicoanálisis sobre el amor es «parsimonioso», «poco alentador, bastante reductor». Pero, añade, es el único espacio discursivo que prevé un lugar para el amor. Además, en las otras epistemes «se dan vacaciones al amor».[1]

¿Qué discurso, qué epistemes son capaces de ofrecer un lugar a la amistad, de sostener teóricamente la potencia existencial? A partir de la sociología, es decir, a partir de la sociología de Pierre Bourdieu, es posible, me parece a mí, forjar los instrumentos que permitan entender cómo la fuerza desestabilizadora de la creación relacional se asienta en unas lógicas de carácter casi metafísico y, por lo tanto, también cómo, si deseamos comprender el funcionamiento y la reproducción del orden social, es preciso liberar la acción de esas lógicas, al lado de los mecanismos puestos de relieve tradicionalmente, como la influencia de las estructuras materiales sobre los cuerpos y los cerebros.

En efecto, Pierre Bourdieu consideraba que la sociología debía partir de un dato antropológico fundamental pero rechazado tradicionalmente y, según él, erróneamente, en el ámbito de la metafísica: se trata del tema del hombre como ser absurdo, contingente, arbitrario, como ser finito, como ser destinado a la muerte, que se sabe mortal y para el que esa finitud es intolerable. La apuesta esencial de la existencia del hombre consiste en ser arrancado de la contingencia y la gratuidad, en encontrar motivos para existir, justificaciones de sí mismo. Eso es lo que explica el lugar central que ocupan, en el mundo social, los ritos de institución, los momentos solemnes que tienen por objeto hacer creer a determinados individuos que su existencia está justificada:[2] hablamos de la aprobación de grados y de títulos, del rito de armar al caballero, de la concesión de cargos u honores, de la circuncisión, etcétera. Todos esos actos mágicos tienen la misma finalidad: garantizar una identidad social; dicen a alguien lo que es y lo que debe ser para los demás; lo distinguen y lo liberan de la insignificancia asegurándole la sensación de que importa, de que está destinado a ser algo y no nada.

Según Bourdieu, en gran medida es el Estado el que ocupa, en las sociedades contemporáneas, la posición exorbitante de «banco central del capital simbólico».[3] Al repartir medallas, abalorios, comisiones, etcétera, al certificar las funciones, los cargos, las ocupaciones, la institución estatal tiene el poder de liberar de la arbitrariedad, de «otorgar la máxima razón de ser entre las razones de ser, la que constituye la afirmación de que un ser contingente, vulnerable a la enfermedad, a la invalidez y a la muerte es digno de la dignidad trascendental e inmortal que se le concede».[4]

Pero ese cuasimonopolio de los órganos estatales e institucionales sobre la producción social del reconocimiento y de la dignidad de existir condena al hombre a no librarse de la insignificancia más que a través de las mistificaciones. Bourdieu lleva muy lejos su visión trágica de la existencia. Apenas enunciada la función vital de los actos de consagración por parte del Estado, pasa enseguida a subrayar su carácter de artefacto o constructo. Los títulos, y en especial los títulos oficiales, por los que sentimos tanto apego y a los que tanta importancia concedemos porque nos figuramos a nosotros mismos y clasificamos a los otros en función de las jerarquías que establecen, de las posiciones que instituyen o de las funciones que otorgan, no tienen ni la racionalidad ni el fundamento técnico o espiritual que se les reconoce generalmente o de forma espontánea. Son mistificaciones. Los ritos de consagración tienen que ver con la magia social. Son actos arbitrarios, vacíos, que no se basan en nada. El ejemplo por excelencia es el de las oposiciones, que producen un *discontinuum* con un *continuum*: «Entre el último aprobado y el primer suspendido, la oposición crea diferencias de todo o nada, y para toda la vida. El uno será politécnico, con todas las ventajas que el cargo trae consigo, mientras que el otro no será nada».[5] En resumen, las funciones y las identidades sociales no existen, y solo se perpetúan en su ser porque creemos en diferencias creadas *ex nihilo*. Y a la sociología corresponde remitir así a la creencia, a la ficción y, por lo tanto, en cierto modo, al absurdo todo el conjunto de falsas trascendencias cuya función era ocultarnos el absurdo del sentido de la existencia.

Pierre Bourdieu nos anima a acceder a una visión patética de la sociedad, escenario de una lucha desesperada por el reconocimiento y el acceso a la humanidad. Tal vez la cuestión central de las luchas sociales no sea el acceso a unos recursos, a unos bienes económicos, culturales o sociales raros. Pues a través o, mejor dicho, por intermediación de todas esas formas de capital lo que se busca es el capital simbólico, es decir, el reconocimiento, el sentimiento de existir y de contar para algo. Los capitales actúan como capital simbólico, como signos y como signos de importancia. La vida social aparece como una «competencia por la existencia conocida y reconocida». «Miseria del hombre sin misión ni consagración», afirma Bourdieu en su *Lección sobre la lección*:

> Lo que esperamos de Dios —añade— no se consigue nunca si no es de la sociedad, que es la única que tiene el poder de consagrar, de librar de la facticidad, de la contingencia y del absurdo. [...] El juicio de los demás es el juicio final; y la exclusión social es la forma concreta del infierno y de la condenación. Que el hombre sea un Dios para el hombre es también la causa de que el hombre sea un lobo para el hombre.[6]

3

Al insistir en esta faceta de la obra de Bourdieu no pretendo dar a entender que el autor de las *Meditaciones pascalianas*[7] nos animaría a dar la razón a ciertas corrientes de la filosofía política contemporánea que se asocian casi todo el tiempo a la herencia de la Escuela de Frankfurt y que se presentan con el nombre de teorías del «reconocimiento». Dentro de ese paradigma, la autorrealización del ser humano exigiría formas de relaciones intersubjetivas. La realización de uno mismo como persona dependería muy estrechamente de un reconocimiento mutuo. Para lograr establecer una relación con ellos mismos, los humanos deberíamos gozar de una consideración social. Ese es el motivo por el que deberíamos tratar de comprender los enfrentamientos sociales según el modelo de una lucha ética por el reconocimiento, más que según el de un combate contra las desigualdades o las injusticias.[8] La sociología de Pierre Bourdieu se sitúa en las antípodas de semejante concepción. Bourdieu no da en su obra tanta importancia a la idea de la lucha dramática de todos contra todos por la justificación de la propia existencia si no es para reforzar una crítica radical de esos dispositivos. Creo que lo que Bourdieu pretende mostrar es que tenemos que liberarnos, en la medida en que podamos, de la obsesión por el reconocimiento, del fetichismo de los títulos y de los ritos oficiales, es decir, de la forma que tenemos de subjetivarnos en función de la mirada ajena, de definirnos nosotros mismos según las categorizaciones y las definiciones propias del Estado.

Pues quizá la enseñanza más importante de Bourdieu resida en el hecho de que no se contenta con demostrar que quien dice reconocimiento dice mistificación. Quien dice reconocimiento también dice —por fuerza— relegación. La maldición que pesa sobre el mundo social es la naturaleza esencialmente diacrítica, diferencial, distintiva del poder simbólico. Todo lo sagrado tiene su complementario profano, toda distinción produce su vulgaridad,[9] de modo que irremediablemente «el acceso de la clase distinguida al Ser» tendrá como «inevitable contrapartida la caída de la clase complementaria en la Nada o en el menor Ser».[10] Todo acto de consagración o de reconocimiento se efectúa en función de normas o de criterios particulares que no dejarán de ejercer efectos de relegación ni de producir penas de posición respecto de los que no están a la altura de satisfacerlos. En otras palabras, mientras se reconoce en las instituciones el poder de reconocernos y mientras se busca encontrar en ellas justificaciones para existir, se estabiliza un sistema excluyente que implica la imposibilidad de salir de la maldición del Ser y de la Nada, de la vida simbólica de unos que engendra la muerte simbólica de otros. La angustia de la muerte y la necesidad metafísica de escapar del absurdo de la existencia constituyen los resortes fundamentales de nuestra propensión a colaborar con un sistema en el que solo podemos ser y perseverar en nuestras identidades a través de los procesos de exclusión y de relegación de los demás, y, por lo tanto, parecemos condenados a una forma de impureza, de tristeza y de maldad.

4

Pero ¿está todo perdido? ¿No existe ninguna posibilidad de que uno se imagine a sí mismo y de que imagine su relación con los demás de una forma distinta? A mí me parece que esa búsqueda de una concepción distinta de la vida explica por qué en su obra Bourdieu recurre constantemente al concepto de autonomía. Ser autónomo constituye, en efecto, otra forma de escapar de la contingencia, de lo arbitrario y de lo absurdo. Pero consiste en buscar justificaciones de la existencia en títulos, funciones, abalorios, identidades sociales, en remitirnos a las instituciones y especialmente al Estado, para garantizar nuestra identidad y utilidad. Ser autónomo es escapar de la dialéctica alienante del reconocimiento, es liberarse del imperio que las instituciones y las consagraciones oficiales ejercen sobre las mentes. Es intentar quitarnos de encima la insignificancia negándonos a creer en esas ficciones vacías y, de manera inversa, dándonos a nosotros mismos unos fundamentos propios, una lógica propia, unos criterios propios de percepción.

No se puede entender el lugar central que ocupa la noción de autonomía en la obra de Bourdieu si no es a condición de ver que funciona como contrapunto de la visión trágica de la existencia. Constituye el modo de acción positivo, afirmativo, de respuesta a la condición humana. Y es precisamente ahí donde el amor y la amistad encuentran su sitio. Estas prácticas son «invención de una relacionalidad autónoma».

En el *post scriptum* a *La dominación masculina*,[11] Bourdieu postula que la amistad y el amor pueden funcionar como microsociedades en las que nos intercambiamos justificaciones de existir. Hay algo de anarquista en la creación relacional: estas experiencias pueden interpretarse como actividades a través de las cuales los hombres y las mujeres intentan escapar de la miseria de la condición humana mientras escapan también de toda forma de sumisión institucional. La cantidad de pequeñas comunidades singulares que se generan a través de las relaciones amorosas y de amistad constituyen uno de los lugares privilegiados en los que poder «sentirse justificado por existir, asumido, incluso en sus particularidades más contingentes o más negativas, en y por una especie de totalismo arbitrario de la arbitrariedad de un encuentro».[12] La vida amorosa y la vida de amistad se basan así, al menos en su versión pura, en una suspensión de la lucha por el poder simbólico.[13] Bourdieu interpreta el amor como un intercambio de justificaciones de existencia y de razones de ser, y resulta así que la pareja representa una miniciudad de una poderosa autarquía simbólica, por ende capaz incluso de «rivalizar victoriosamente con todas las consagraciones que suelen pedirse a las instituciones y a los ritos de la "Sociedad", ese sustituto mundano de Dios».[14]

El significado existencial de la creación relacional se encuentra en la búsqueda de una forma de existencia autónoma que se libere de la arbitrariedad para darse sus propios fundamentos. Escapar de la miseria de la condición humana, de la contingencia y de la arbitrariedad sin meterse en la guerra por la consagración, con la tentación correlativa de dominar, supone encontrar los medios para fundamentarnos a nosotros mismos, para desarrollar nuestros propios criterios, para inventar nuestros propios mundos. La creación relacional constituye por ese motivo el lugar más indicado para sostener los esfuerzos del artista autónomo, del intelectual autónomo, del escritor autónomo como seres rebeldes, reticentes, que afirman su independencia radical respecto a todas las instituciones y todas las reglas, tanto externas como internas, y consiguen ser por sí mismos su propio fundamento.

La amistad comporta la idea de una vida más allá del reconocimiento. Es el nombre de una práctica del yo que adopta la forma de una política de la afirmación, de una moral nietzscheana de la acción, de lo activo, opuesta al resentimiento y a lo reactivo que no puede dejar de generar la obsesión del reconocimiento y el hecho de juzgarnos a nosotros mismos en función del juicio de los demás, constituido como juicio final. Y es de ese juicio del que, en todo momento, intentamos escapar Didier, Édouard y yo a través de nuestra relación y de lo que esta produce.

NOTAS

INTRODUCCIÓN

1 Cf. Geoffroy de la Gasnerie, *Logique de la création. Sur l'Université, la vie intellectuelle et les conditions de l'innovation*, París, Fayard, 2011, y *L'Art de la révolte, Snowden, Assange, Manning*, París, Fayard, 2015. *(N. de los T.)*
2 Graham Allan, *A Sociology of Friendship and Kinship*, Londres, Allen and Unwin, 1979.
3 Wilhelm Reich, *La révolution sexuelle*, París, 10/18, 1970, p. 141. (Para la versión castellana, cf. Wilhelm Reich, *La revolución sexual*, Barcelona, Planeta De Agostini, 1985, p. 113).

I. LA VIDA A TRES

1 Didier Eribon, *Retour à Reims*, París, Fayard, 2010. [Hay trad. cast.: *Regreso a Reims*, Barcelona, Taurus-Libros del Zorzal, 2024]. *(N. de los T.)*
2 Édouard Louis, *En finir avec Eddy Bellegueule*, París, Éditions du Seuil, 2014. [Hay trad. cast.: *Para acabar con Eddy Bellegueule*, traducción de María Teresa Gallego, Barcelona, Salamandra, 2015]. *(N. de los T.)*

3 Didier Eribon, *La Société comme verdict: classes, identités, trajectoires*, París, Fayard, 2013. [Hay trad. cast.: *La sociedad como veredicto: clases, identidades y trayectorias*, traducción de Horacio Pons, Buenos Aires, El cuenco de plata, 2017]. *(N. de los T.)*

4 Cf. Édouard Louis, *Histoire de la violence*, París, Éditions du Seuil, 2016. [Hay trad. cast.: *Historia de la violencia*, traducción de José Manuel Fajardo González, Barcelona, Salamandra, 2018]. *(N. de los T.)*

5 Cf. Giorgio Agamben, *El amigo*, en Giorgio Agamben, *¿Qué es un dispositivo?* seguido de *El amigo* y de *La Iglesia y el reino*, traducción de Mercedes Ruvituso, Barcelona, Anagrama, 2015. *(N. de los T.)*

6 Roland Barthes, *Comment vivre ensemble: cours et séminaires au Collège de France 1976-1977*, París, Éditions du Seuil/Imec, 2002, pp. 39-40. [Hay trad. cast.: *Cómo vivir juntos. Notas de cursos y seminarios en el Collège de France, 1976-1977*, traducción de Patricia Willson, Buenos Aires, Siglo XXI Editores Argentina, 2005, p. 52].

II. EL SUJETO AMISTOSO

1 Jacques Derrida, *Politiques de l'amitié*, París, Galilée, 1994, p. 250. [Hay trad. cast.: *Políticas de la amistad, seguido de El oído de Heidegger*, traducción de Patricio Peñalver, Madrid, Trotta, 1998].

2 Édouard Louis, *Qui a tué mon père*, París, Éditions du Seuil, 2018. [Hay trad. cast.: *Quién mató a mi padre*, traducción de Pablo Martín Sánchez, Barcelona, Salamandra, 2019]. *(N. de los T.)*

III. VIVIR DE OTRA MANERA

1   Cf. Simone de Beauvoir, *Mémoires d'une fille rangée*, París, Gallimard, 1958. [Hay trad. cast.: *Memorias de una joven formal*, traducción de Silvina Bullrich, Buenos Aires, Editorial Sudamericana, 1973]. Y Simone de Beauvoir, *Le deuxième sexe*, París, Gallimard, 1949. [Hay trad. cast.: *El segundo sexo*, traducción de Alicia Martorell, Valencia, Cátedra, Universitat de València, 2005]. *(N. de los T.)*

2   Cf. Didier Eribon, *Réflexions sur la question gay*, París, Fayard, 1999. [Hay trad. cast.: *Reflexiones sobre la cuestión gay*, traducción de Jaime Zulaika, Barcelona, Anagrama, 2001]. *(N. de los T.)*

3   Cf. Patti Smith, *Just Kids*, Nueva York, Ecco, 2010. [Hay trad. cast.: *Éramos unos niños*, traducción de Rosa Pérez Pérez, Barcelona, Lumen, 2010]. *(N. de los T.)*

4   Émile Durkheim, *L'éducation morale*, París, PUF, 1963, p. 62. [Hay trad. cast.: *La educación moral*, traducción de Antonio Bolívar Botía, Madrid, Trotta, 2002].

5   Leo Bersani, *Homos*, Cambridge, Harvard University Press, 1995. [Hay trad. cast.: *Homos*, traducción de Horacio Pons, Buenos Aires, Manantial, 1998]. *(N. de los T.)*

6   Michel Foucault, «De l'amitié comme mode vie», en *Dits et Écrits*, París, Gallimard, «Quarto», 2001, tomo II, p. 984. Hay una traducción al español de esta entrevista incluida en Michel Foucault, *¿Qué hacen los hombres juntos?*, traducción de Luis Cayo Pérez Bueno, Madrid, Cinca, 2015.

7   Wilhelm Reich, *La Révolution sexuelle*, París, 10/18, 1970, pp. 132, 141 (cf. trad. cast.: *La revolución sexual. Para una estructura de carácter autónomo del hombre*, traducción de Sergio Montiel, Barcelona, Planeta-De Agostini, 1985). Continuando con esos análisis, hoy día

en gran medida abandonados por la izquierda, podríamos preguntarnos si los regímenes políticos en los que vivimos no se hallan de hecho marcados por una contradicción fundamental: fomentan estructuras que modelan unos seres que incorporan valores contrarios a aquellos en los que pretenden basarse. En *Politiques de l'amitié*, Derrida nos recuerda por otra parte que Aristóteles establecía ya correspondencias entre formas de vida y formas políticas. Los modos de relacionalidad mantienen un vínculo con los tipos de sociedad política: la tiranía deriva de la familia; la democracia, de la amistad. La primera estaría relacionada con la autoridad, la naturalización de la fuerza y el dominio arbitrario, mientras que la segunda implicaría unas relaciones basadas en la reciprocidad, la convención, el contrato. Estos dos marcos de vida, estos dos modos de existencia tendrían, según la importancia que lleguen a alcanzar y el desarrollo que sigan, un efecto sobre el ordenamiento político. Derrida deduce de este análisis una definición de lo que podría ser un proyecto político de crítica de las autoridades naturales en nombre de una sociedad basada en la reciprocidad: «la obra del político, el acto o la operación propiamente política vuelven para crear la mayor cantidad de amistad posible». Y añade: «La política realiza su obra en el progreso de la amistad». ¡¡¡Atención!!! La traducción es mía. No he podido conseguir la traducción de *Políticas de amistad* de Derrida, que existe en español. Si os parece oportuno, cambiad lo que yo he puesto por lo que diga la versión publicada por la editorial Trotta: Derrida, *Políticas de amistad, seguido de El oído de Heidegger*, Madrid, Trotta, 1998.

8   Émile Durkheim, *L'Éducation morale*, p. 62.

9 Claire Bidart, *L'Amitié. Un lien social*, París, La Découverte, 1997.

10 ¿Sería imposible, por ejemplo, explicar el dominio de las opiniones políticas progresistas de izquierdas en la juventud y particularmente en la juventud de la clase media remitiéndolo no solo a las propiedades de los más jóvenes en términos de posesión de capital económico, sino también con el modo de vida amistoso que caracteriza este periodo de la existencia?

11 Pierre Bourdieu, *Les Structures sociales de l'économie*, París, Seuil, 2000, pp. 224-230. [Hay trad. cast.: *Las estructuras sociales de la economía*, traducción de Horacio Pons, Buenos Aires, Manantial, 2001, pp. 207 ss.].

12 George Chauncey, *Gay New York: Gender, Urban Culture, and the Making of the Male Gay World, 1890-1940*, Nueva York, Basic Books, 1995. [Hay trad. cast.: cf. *Nueva York gay. Género, cultura urbana y conformación del mundo gay masculino (1890-1940)*, traducción de Martina Altalef, Buenos Aires, Prometeo Libros, 2023]. *(N. de los T.)*

13 Para el concepto de *habitus* en sociología, y especialmente en la sociología de Bourdieu, véase, por ejemplo, Pierre Bourdieu, *Esquisse d'une théorie de la pratique*, p. 178; *Le sens pratique*, pp. 88-89; y en general *Sociologie générale. Volume 1. Cours au Collège de France (1981-1983)*. Hay traducción a nuestra lengua de todas estas obras: *Bosquejo de una teoría de la práctica*, traducción de Mónica Cristina Prado, Buenos Aires, Prometeo Libros, 2012; *El sentido práctico*, traducción de Ariel Dilon, Buenos Aires, Siglo XXI Editores Argentina, 2007; y *Curso de sociología general 1. Conceptos fundamentales. Collège de France, 1981-1983*, traducción de Ezequiel Martínez Kolodens, Buenos Aires, Siglo XXI Editores Argentina, 2019. *(N. de los T.)*

14 Cf. Georg Simmel, *Grundfragen der Soziologie*, Berlín, Gröschen, 1917. [Hay trad. cast.: *Cuestiones fundamentales de sociología*, traducción de Ángela Ackerman Pilari, Barcelona, Gedisa, 2002]. *(N. de los T.)*

15 Cf. Cicerón, *Laelius de amicitia*, pp. 79-80. *(N. de los T.)*

16 Roland Barthes, *Le Discours amoureux*, París, Seuil, 2007, p. 279. [Hay trad. cast.: *El discurso amoroso: Seminario en la École pratique des hautes études 1974-1976. Seguido de Fragmentos de un discurso amoroso (Textos inéditos)*, traducción de Alicia Martorell Linares, Barcelona, Paidós, 2021].

17 Para el perfeccionismo moral, véase Sandra Laugier, *Une autre pensée politique américaine*, París, Michel Houdiard, 2004.

18 Walter Benjamin, «La vie des étudiants», en *Œuvres, I*, París, Gallimard, 2000, p. 129.

19 Cabría deducir de este análisis que gran parte de las imágenes sociales y culturales de la amistad valorizan un tipo de relacionalidad que de hecho sirve para reforzar la organización tradicional de la existencia y del ciclo de la vida. La amistad se presenta en él como un espacio de libertad, sí, pero la manera en la que esta se practica la convierte precisamente en uno de los engranajes de la integración de los individuos en los marcos instituidos.

20 Cf. Didier Eribon, *La société commme verdict. Classes, identités, trajectoires*, París, Fayard, 2013. [Hay trad. cast.: *La sociedad como veredicto. Clases, identidades, trayectorias*, traducción de Horacio Pons, Buenos Aires, El Cuenco de Plata, 2019]. *(N. de los T.)*

21 Cf. Mathieu Lindon, *Ce qu'aimer veut dire*, París, P.O.L., 2011. [Hay trad. cast.: *Lo que significa amar*, traducción de Marcos Mayer, Buenos Aires, Capital Intelectual, 2012]. *(N. de los T.)*

IV. LA VIDA PARA ESCRIBIR

1 Dennis C. Rasmussen, *The Infidel and the Professor. David Hume, Adam Smith and the Friendship That Shaped Modern Thought*, Princeton, Princeton University Press, 2017. [Hay trad. cast.: *El infiel y el profesor. David Hume y Adam Smith. La amistad que forjó el pensamiento moderno*, Barcelona, Arpa, 2018].

2 Cf. Didier Eribon, *Michel Foucault*, París, Flammarion, 1989. [Hay trad. cast.: *Michel Foucault*, traducción de Thomas Kauf, Barcelona, Anagrama, 2006]; *Retour à Reims*, París, Fayard, 2009. [Hay trad. cast.: *Regreso a Reims*, traducción de Georgina Fraser, Buenos Aires, Libros del zorzal, 2015]; *Réflexions sur la question gay*, París, Fayard, 1999. [Hay trad. cast.: *Reflexiones sobre la cuestión gay*, traducción de Jaime Zulaika, Barcelona, Anagrama, 2001]; y *Une morale du minoritaire: variations sur un thème de Jean Genet*, París, Fayard, 2001. [Hay trad. cast.: *Una moral de lo minoritario: variaciones sobre un tema de Jean Genet*, traducción de Jaime Zulaika, Barcelona, Anagrama, 2004]. *(N. de los T.)*

3 Cf. Geoffroy de Lagasnerie, *Logique de la création. Sur l'Université, la vie intellectuelle et les conditions de l'innovation*, París, Fayard, 2011. *(N. de los T.)*

4 Cf. Pierre Bourdieu, *La distinction. Critique sociale du jugement*, París, Les Éditions de Minuit, 1979. [Hay trad. cast.: *La distinción: criterios y bases sociales del gusto*, traducción de M. C. Ruiz de Elvira, Barcelona, Taurus, 1988]. *(N. de los T.)*

5 Cf. Édouard Louis, *Changer: méthode*, París, Éditions du Seuil, 2021. *(N. de los T.)*

6 Michel Foucault, *Surveiller et punir. Naissance de la prison*, París, Gallimard, 1975. [Hay trad. cast.: *Vigilar y castigar:*

nacimiento de la prisión, traducción de A. Garzón del Campo, Madrid, Siglo XXI, 1994]. *(N. de los T.)*

7 Didier, Édouard y yo tenemos un extraño punto en común del que no éramos conscientes antes de que escribiera yo este libro, pero que nos unía de manera invisible: la primera publicación de cada uno de nosotros trata de Bourdieu. En el caso de Didier es una entrevista sobre *La Distinction* aparecida en *Libération* en 1979; mi primer libro, *L'Empire de l'Université. Sur Bourdieu, les intellectuels et le journalisme*, de 2007; y para Édouard un volumen colectivo, *Pierre Bourdieu. L'Insoumission en héritage*.

8 Marguerite Duras, *Le ravissement de Lol V. Stein*, París, Gallimard, 1976. [Hay trad. cast.: *El arrebato de Lol V. Stein*, traducción de Ana María Moix, Barcelona, Tusquets, 1987]. *(N. de los T.)*

9 Cf. *Roland Barthes par Roland Barthes*, París, Éditions du Seuil, 1975. [Hay trad. cast.: *Roland Barthes por Roland Barthes*, traducción de Julieta Sucre, Barcelona, Kairós, 1978]. *(N. de los T.)*

10 Cf. Édouard Louis, *Combats et métamorphoses d'une femme*, París, Éditions du Seuil, 2021. [Hay trad. cast.: *Lucha y metamorfosis de una mujer*, traducción de J. A. Soriano Marco, Barcelona, Salamandra, 2022]. *(N. de los T.)*

11 Cf. Annie Ernaux, *Une femme*, París, Gallimard, 1988. [Hay trad. cast.: *Una mujer*, traducción de Lydia Vázquez Jiménez, Madrid, Cabaret Voltaire, 2020]. *(N. de los T.)*

12 *Art pompier* («arte bombero») es el término peyorativo que se usaba en la Francia de finales del siglo XIX para designar las grandes pinturas academicistas de la época, especialmente las de carácter histórico o alegórico, cuyos personajes solían lucir cascos con penachos de plumas

que recordaban a los que usaban los bomberos de la época. *(N. de los T.)*

13 Pierre Bourdieu, *Manet, une révolution symbolique*, París, Seuil, 2013, p. 246.

14 Cf. Pierre Bourdieu, *Esquisse pour une auto-analyse*, París, Raisons d'agir, 2004. [Hay trad. cast.: *Autoanálisis de un sociólogo,.* traducción de Thomas Kauf, Barcelona, Anagrama, Colección Argumentos, 2006]. *(N. de los T.)*

15 Jean Genet, *Le Miracle de la Rose*, París, Gallimard, 1946. [Hay trad. cast.: *Milagro de la rosa*, traducción de M.T. Gallego Urrutia, Madrid, Errata Naturae, 2010]. *(N. de los T.)*

16 Pierre Bourdieu, *Homo Academicus*, París, Les Éditions de Minuit, 1984. [Hay trad. cast.: *Homo academicus*, traducción de Ariel Dilon, Madrid, Siglo XXI, 2008]. *(N. de los T.)*

V. LA VIDA MÁS ALLÁ DEL RECONOCIMIENTO

1 Roland Barthes, *Le Discours amoureux*, p. 58.

2 Pierre Bourdieu, *Langage et pouvoir symbolique*, París, Seuil, 2001, p. 186.

3 Pierre Bourdieu, *Méditations pascaliennes*, París, Seuil, 1997, p. 283. [Hay trad. cast.: *Meditaciones pascalianas*, Barcelona, Anagrama, 2006].

4 *Ibid.*, p. 288.

5 Pierre Bourdieu, *Langage et pouvoir symbolique*, p. 179.

6 Pierre Bourdieu, *Leçon sur la leçon*, París, Minuit, 1980, p. 52. [Hay trad. cast.: *Lección sobre la lección*, Barcelona, Anagrama, 2006].

7 Cf. Pierre Bourdieu, *Méditations pascaliennes*, París, Éditions du Seuil, 1997. [Hay trad. cast.: *Meditaciones*

pascalianas, traducción de Thomas Kauf, Barcelona, Anagrama, 1999]. *(N. de los T.)*

8 Ver Axel Honneth, *La Société du mépris*, París, La Découverte, 2006. [Hay trad. cast.: *La sociedad del desprecio*, Madrid, Trotta, 2011].

9 Pierre Bourdieu, *Leçon sur leçon*, p. 52.

10 Pierre Bourdieu, *Langage et pouvoir symbolique*, p. 186.

11 Cf. Pierre Bourdieu, *La domination masculine*, París, Éditions du Seuil, 1998. [Hay trad. cast.: *La dominación masculina*, traducción de Joaquín Jordá, Barcelona, Anagrama, 2000]. *(N. de los T.)*

12 Pierre Bourdieu, *La Domination masculine*, París, Seuil, 1998, p. 117. [Hay trad. cast.: *La dominación masculina*, Barcelona, Anagrama, 2006].

13 *Ibid.*, p. 118.

14 *Ibid.*, p. 119.

«Para viajar lejos no hay mejor nave que un libro».

EMILY DICKINSON

Gracias por tu lectura de este libro.

En **penguinlibros.club** encontrarás las mejores
recomendaciones de lectura.

Únete a nuestra comunidad y viaja con nosotros.

penguinlibros.club

 penguinlibros

Este libro
se terminó de imprimir en
Móstoles, Madrid,
en el mes de enero de 2025.